»Auf die Berge will ich steigen,
Wo die dunklen Tannen ragen,
Bäche rauschen, Vögel singen,
Und die stolzen Wolken jagen.«
Heinrich Heine, aus: Die Harzreise

*Dem Fotografen **Ralf Freyer** begegnete im Harz überraschend viel Gastfreundschaft, die ihm manchen verborgenen Weg ebnete – beispielsweise zu der ausgeklügelten Technik der Oberharzer Wasserwirtschaft.*

*Die in Stuttgart lebende Autorin **Dina Stahn** hat vor Jahren erstmals für den Baedeker im Harz recherchiert. Seitdem ist sie mindestens einmal im Jahr zwischen Seesen und Mansfeld unterwegs.*

## Liebe Leserinnen, liebe Leser!

Für mich war es jahrelang ein Traum, einmal den Brocken zu erklimmen. Schließlich kannte ich den höchsten Berg in Deutschlands Norden nur aus der Ferne. Ich erinnere mich an zahlreiche noch zu Kinderzeiten erfolgte Ausflüge in den Harz und den klassischen Blick vom Torfhaus hinüber zum mythenumrankten Berg.

### Gipfel mit Aussicht

Als ich dann erstmals auf dem Brocken stand, war ich enttäuscht. Die kahle Bergkuppe mit den zahlreichen, die Landschaft nicht verschönernden Sendemasten sollte jener geheimnisvolle Brockengipfel sein? Was versöhnte, war der sensationelle Ausblick, und einmal mehr war der Weg das Ziel gewesen. Der Aufstieg von Ilsenburg auf dem Heinrich-Heine-Weg durch das malerische Ilsetal war einfach grandios. Heute weiß ich, dies ist nur einer von vielen herrlichen Wanderwegen im Harz. Schon relativ etabliert als einer der schönsten Fernwanderwege Deutschlands ist der Hexenstieg, der über mehr als 100 km von Osterode bis Thale führt. Weniger bekannt ist der Selketalstieg, der sich über 75 km von den Harzhöhen nach Quedlinburg zieht. Natürlich lassen sich auch Teilstrecken erwandern – unsere Autorin Dina Stahn ist den Weg komplett abgelaufen, alle Fakten stellen wir Ihnen im Aktivtipp auf S. 97 vor.

### Neue Ideen für den Tourismus

Doch eine grandiose Natur und tolle Wanderwege allein reichen nicht, um Besucher in großer Zahl für einen längeren Urlaub in das Waldgebirge zu locken. Verschiedene engagierte Touristiker suchen nach neuen Konzepten – und haben sie vielerorts auch schon gefunden. So bieten einige Hoteliers klimaneutralen Urlaub an, andere haben sich dem Slow-Food-Gedanken verschrieben und wieder andere besinnen sich auf regionale Stärken und vermieten Bio-Suiten, eingerichtet und ausgestattet mit Bauholz und Möbeln aus der Region. Attraktive, etwas „andere" Hotels finden Sie in der Rubrik „Unsere Favoriten" auf S. 22.

Herzlich

Ihre

Birgit Borowski

Birgit Borowski
Programmleiterin DuMont Bildatlas

74 Seit jeher gehören Moore zur Harzer Bergwelt. Heute steht ihr Schutz im Vordergrund.

92 Friedrich Gottlieb Klopstock, Johann Wolfgang von Goethe, Heinrich Heine … viele Dichter verewigten den Harz in ihren Werken.

64 Am Nordrand des Harzes warten interessante Städte wie Wernigerode oder Halberstadt – und die unheimliche Teufelsmauer.

## Impressionen



## Westharz



## Oberharz



UNSERE FAVORITEN

BEST OF …

82 1300 Fachwerkhäuser und ein wunderschöner Schlossberg machen das UNESCO-Welterbe Quedlinburg im Harzvorland zu einem Besuchermagnet.

## Nordharz



## Unterharz



## Südharz · Mansfelder Land



**Anhang**



DuMont Aktiv

Genießen Erleben Erfahren

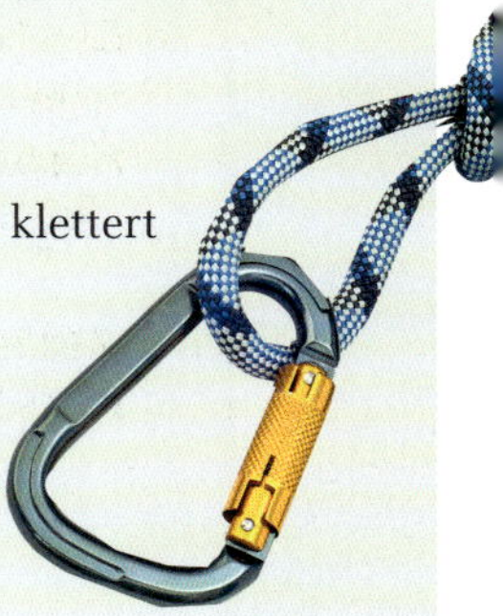

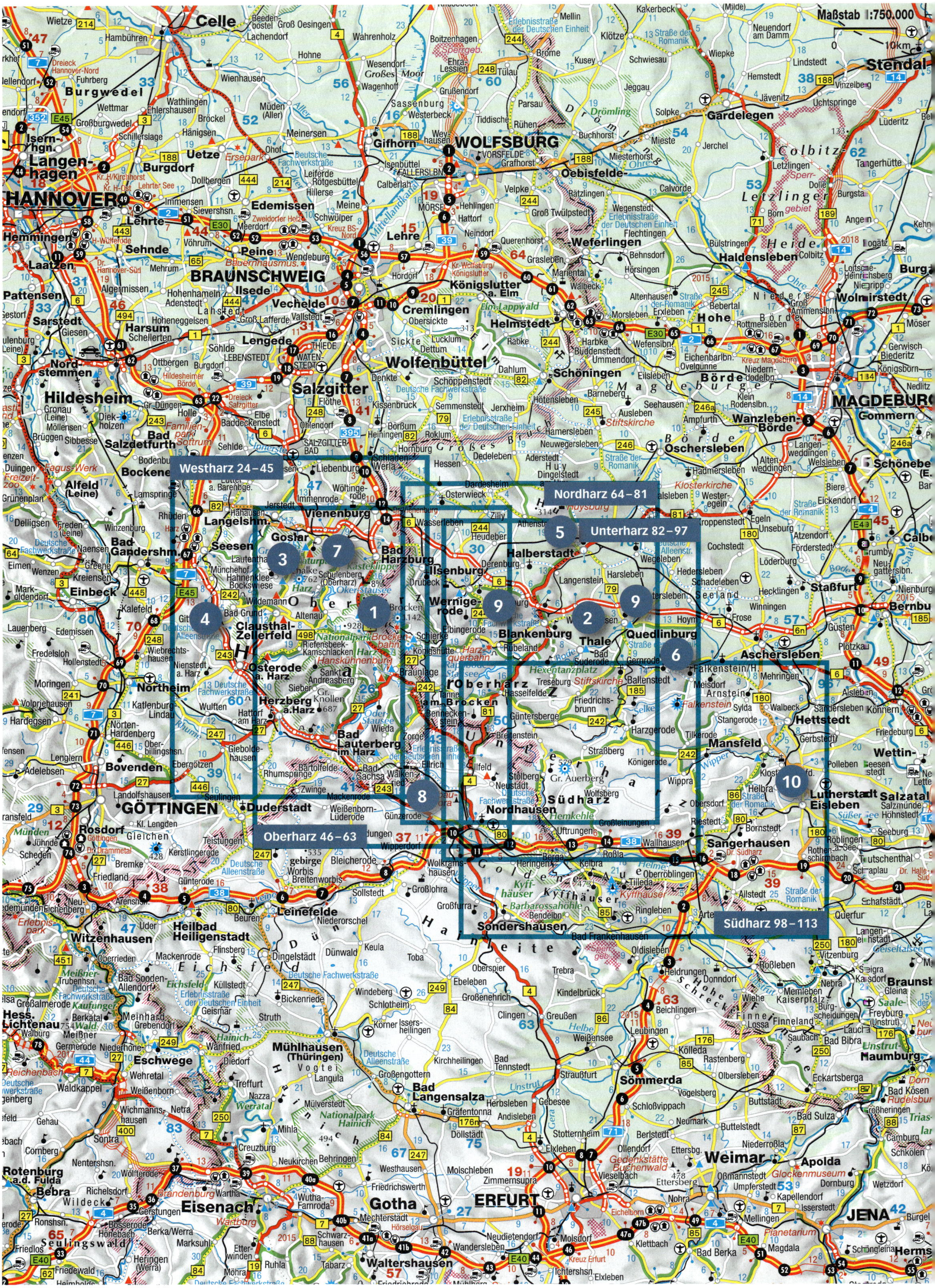
Maßstab 1:750.000
10km
Westharz 24–45
Nordharz 64–81
Unterharz 82–97
Oberharz 46–63
Südharz 98–113
1
2
3
4
5
6
7
8
9
10
Celle
Hannover
Braunschweig
Wolfsburg
Magdeburg
Salzgitter
Wolfenbüttel
Hildesheim
Goslar
Bad Harzburg
Halberstadt
Quedlinburg
Blankenburg
Thale
Wernigerode
Ilsenburg
Osterode a. Harz
Clausthal-Zellerfeld
Herzberg a. Harz
Bad Lauterberg im Harz
Nordhausen
Sangerhausen
Aschersleben
Hettstedt
Lutherstadt Eisleben
Göttingen
Duderstadt
Sondershausen
Mühlhausen (Thüringen)
Eisenach
Gotha
Erfurt
Weimar
Jena
Leinefelde
Heilbad Heiligenstadt
Witzenhausen
Eschwege
Bad Langensalza
Sömmerda
Oschersleben
Stendal
Gardelegen
Haldensleben
Helmstedt
Schöningen
Northeim
Einbeck
Seesen
Langelsheim
Vienenburg
Alfeld (Leine)
Bad Gandersheim

# Topziele

*Die bedeutendsten Sehenswürdigkeiten und Erlebnisse, die keinesfalls versäumt werden sollten, haben wir auf dieser Seite zusammengestellt. Auf den Infoseiten sind sie jeweils als* **TOPZIEL** *gekennzeichnet.*

## NATUR

**1 Hinauf auf den Brocken:** Der höchste Berg Norddeutschlands ist sagenumwobenes Wanderziel. **Seite 61**

**2 Das fast alpine Bodetal:** Wildromantisch zeigt sich die Schlucht zwischen Rosstrappe und Hexentanzplatz. **Seite 95**

## KUNST

**5 Der Domschatz von Halberstadt:** Unter den vielen Kostbarkeiten des Schatzes ragen die beiden ältesten Wandteppiche Europas heraus. **Seite 80**

**6 Das Heilige Grab in Gernrode:** Das Heilige Grab in St. Cyriakus erinnert an wichtige mittelalterliche Glaubensrituale. **Seite 97**

9

1

7

3

## ERLEBEN

**3 1000 Jahre Rammelsberg:** Über und unter Tage bietet das älteste Bergwerk des Harzes Einblicke in den Bergbau. **Seite 44**

**4 Die Unterwelt von Bad Grund:** Das HöhlenErlebnisZentrum erschließt die Iberger Tropfsteinhöhle. **Seite 45**

## KULTUR

**7 Kaiserstadt Goslar:** Altstadt und Kaiserpfalz spiegeln bis heute die mittelalterliche Bedeutung der Harzstadt. **Seite 43**

**8 Kloster Walkenried:** Alles über den „Weißen Konzern" der Zisterzienser. **Seite 63**

**9 Fachwerk in allen Gassen:** Die Altstädte von Wernigerode und Quedlinburg sind wahre Fachwerk-Schatzkammern. **Seite 79** und **96**

**10 In der Lutherstadt Eisleben:** Zahlreiche Gedenkstätten erinnern an den großen Reformator. **Seite 112**

## Monumente der Landschaft

Die urwüchsigen, großartigen Landschaftsformen des Harzes beeindrucken fast alle Besucher dieses Mittelgebirges. Tiefe Schluchten, dunkle Wälder und wilde Flüsse setzen Akzente und fordern zum Wandern und Entdecken auf. Um viele Landschaftsmonumente ranken sich fantastische Geschichten, so auch um die Teufelsmauer (Foto), eine insgesamt fast 20 km lange Sandsteinformation im nördlichen Vorland des Harzes.

Hotel
Hotel
KAISERWORTH

## Glanz der Städte

Mitten durch den Harz verlief bis 1989 die deutsch-deutsche Grenze: Zwei Drittel lagen in der Bundesrepublik, ein Drittel in der DDR. Mit dem Aufbau Ost kam die Schönheit vieler Ortschaften wieder ans Licht. Und so wetteifern nun hüben wie drüben zauberhafte Altstädte um die Gunst der Besucher, die die Qual der Wahl haben. Einer ihrer Favoriten dürfte Goslar mit seinem historischen Marktplatz sein.

## Baukunst allerorten

Eindrucksvolle architektonische Zeugen längst vergangener Epochen begegnen dem Reisenden überall im Harz. Im Norden flankiert die Region die Straße der Romanik, und auch aus der Gotik blieben herausragende Baukunstwerke erhalten – der Halberstädter Dom (Foto) gehört zu den prachtvollsten.

## Bereit zum Höhenflug

Über 500 Burgen und Ruinen spicken den Harz und sein Vorland. Dank seiner Bodenschätze gehörte dieses Gebiet schon immer zu einem lukrativen und umkämpften Wirtschaftsraum. Seit die Zeit des Bergbaus vorbei ist, bestimmt der Tourismus das Erwerbsleben. Und da zählt wieder einmal jede Burg – auch Falkenstein hoch über dem Selketal (Foto).

## Der wiedervereinigte Berg

Als das höchste Gebirge Norddeutschlands nimmt der Harz eine in jedem Sinne exponierte Lage ein. Seine Wälder und Gipfel sind beliebtes Urlaubsgebiet, Schauplatz von Märchen und Sehnsuchtsort der Romantiker. Weithin sichtbar krönt der Brocken dieses Mittelgebirge. Er ist weit mehr als der höchste Berg im Harz: Goethe setzte ihm als Hexenberg ein Denkmal; nach dem Zweiten Weltkrieg teilte er das Schicksal Deutschlands und verschwand als militärisches Sperrgebiet hinter dem Eisernen Vorhang. Umso überschwänglicher wurde hier oben die Wiedervereinigung gefeiert.

## Stätten des Glaubens

Mit Walkenried und Helfta besitzt der Harz zwei Klöster, die im Mittelalter zu den bedeutendsten Orden in Deutschland gehörten. Auch über das hier abgebildete Quedlinburg herrschten jahrhundertelang Äbtissinnen und führten die Stadt zur Blüte. Sein Domschatz zeugt eindrucksvoll vom Reichtum der Kirche.

99 7236-5

## Unterwegs mit der Brockenbahn

Nicht nur der Brocken an sich ist eine Attraktion – auch die Schmalspurbahn, mit der man auf seinen Gipfel gelangen kann, ist etwas ganz Besonderes. Auf der ursprünglich 1899 eröffneten Strecke kommt man dank einer 700 PS starken Dampflok in etwa 50 Minuten von Drei Annen Hohne hinauf auf den Berg – und kann dabei auch noch eine traumhafte Aussicht genießen, sofern das Wetter mitspielt.

Besondere Hotels

# Anders wohnen im Harz

Freunde von romantischen Fachwerkbauten, modernen Sportunterkünften, ökologisch korrekten Bio-Hotels, gediegenem Luxus, Wellnesspracht und Waldeseinsamkeit – sie finden im Harz ein attraktives Übernachtungsangebot.

## 1 Naturresort Schindelbruch

Mitten in den Wäldern des Südharz liegt unweit vom Auerberggipfel das Naturresort Schindelbruch. Einst stand auf der Lichtung das Jagdhaus der Fürsten zu Stolberg, heute liegt hier eine ansprechend gestaltete Anlage aus Haupthaus, dem renovierten Jagdhaus, Saunadorf und Badehaus. Naturliebhaber ziehen im Frühtau schon auf den Großen Auerberg, andere beginnen den Tag im Wellnessbereich und lassen ihn im Restaurant ausklingen. Klimaneutralität gehört zum Konzept des Schindelbruch, das mit einer ganzen Reihe von Maßnahmen, beginnend bei der Pelletheizung, alles tut, um Tourismus und Ökologie vor Ort zu vereinen.

**€€€€** Naturresort Schindelbruch, Schindelbruch 1, 06536 Südharz-Stolberg, Tel. 034654 80 80, www.schindelbruch.de

## 2 Landhaus Kemper

Das Leben feiern, schlafen in farbigen Zimmern, Slow-Food-Küche und einen verwunschenen Garten genießen, im See baden: Dorothee Kemper hat aus der ehemaligen Brauerei einen Ort zum Wohlfühlen geschaffen, eingebettet in die Waldlandschaft bei Clausthal-Zellerfeld. Beim roten Haupthaus, in dem kein Gästezimmer dem anderen gleicht, spendet ein Brunnen Quellwasser. Unweit davon liegt das Rosenhaus, das sich Bremer Kaufleute als Sommerfrische gebaut hatten. Heute bietet es, baubiologisch auf Vordermann gebracht, für acht Menschen eine inspirierende Bleibe.

**€€€** Landhaus Kemper, 38678 Clausthal-Zellerfeld, OT Buntenbock, An der Trift 19, Tel. 05323 17 74, www.landhaus-kemper.de

## 3 Plumbohms Hotel / Aussichtsreich

Vollholzmöbel, Eichenparkett, allergikerfreundliche Bettwäsche, im Restaurant Bio-Fleisch und Vegetarisches, dazu die ewig rauschende Radau vor dem Hotel – das Plumbohms erfüllt die Wünsche vieler Gäste im Harz. Das Hotel des energiegeladenen Patrons Dirk Junicke ist in vielerlei Hinsicht anders als andere: Auf der Fassade hat er eine Sammlung vergessener Wörter setzen lassen, mit einem grünen VW-Käfer dürfen Hotelgäste auf Spritztour gehen, gleich neben der Dachterrasse liegt die Sauna mit Blick über Bad Harzburg. Wer autofrei logieren will, tut dies im 2014 eröffneten „Gast- und Logierhaus Aussichtsreich", das zum Plumbohms gehört. Es liegt auf dem Burgberg und ist nur mit der Seilbahn von Bad Harzburg aus zu erreichen.

**€€€/€€€€** Plumbohms Bio-Suiten und Hotel, Herzog-Wilhelm-Straße 97, 38667 Bad Harzburg, Tel. 05322 32 77, www.plumbohms.de

## 4 Hotel Njord

Ein nordisches Hotel in Hahnenklee? Warum auch nicht? Immerhin steht nur ein paar Schritte entfernt eine nordische Stabkirche. Sportler, ganz besonders die Mountainbiker, lieben das Hotel Njord: Das opulente Frühstücksbüfett sorgt für eine solide Grundlage für einen langen Tag auf dem Fahrradsattel, am Abend erholen sich die Ausgepowerten dann in der Sauna und lassen sich die müden Waden massieren. Auch weniger Sportliche schätzen die lichten, klaren Linien und den ungekünstelten Stil des Njord. Dass im gesamten Haus nicht geraucht wird, versteht sich fast schon von selbst.

**€€€** Hotel Njord, Parkstraße 2, 38644 Goslar-Hahnenklee, Tel. 05325 5 28 93 70, www.hotelnjord.de

## 5 Landhaus „Zu den Rothen Forellen"

Die „Forellenstube" in Ilsenburg gehört zu den ersten Adressen für Feinschmecker im Raum Wernigerode. Auch das zugehörige Hotel „Zu den Rothen Forellen" rangiert in derselben Liga. 1995 erhielt es als erstes Hotel in Sachsen-Anhalt fünf Sterne. 2013 logierte George Clooney hier fünf Wochen, um den Film „Monuments Man" zu drehen. Geschmackvolle Zimmer im Landhausstil verbreiten ein nobles Flair, ohne überkandidelt zu wirken. Fast alle Räume haben Naturfußböden, ein Segen für Allergiker. Ein Schmuckstück ist das umgebaute Badehaus direkt am See: Vier Suiten finden unter dem Dach des denkmalgeschützten Gebäudes Platz, jeweils mit Terrasse oder Balkon. Ebenfalls wunderschön: die Gartenhaussuite mit Blick zum See.

**€€€€** Landhaus „Zu den Rothen Forellen", Marktplatz 2, 38871 Ilsenburg (Harz), Tel. 039452 93 93, www.rotheforelle.de

## 6 Frauenpension Arleta

Doris Möglich und ihre Lebensgefährtin Barbara Langer haben einen besonderen Ort für Frauen geschaffen. Ihre urgemütliche Pension liegt im Goslarer Landschaftsschutzgebiet direkt am Wald. Ein großer Garten verführt bei gutem Wetter zum Faulenzen statt Wandern, bei Schlechtwetter machen es sich die Gastfrauen lesend im Wintergarten oder vor dem Kamin gemütlich. Fernseher gibt es keinen, das erleichtert das Ausklinken aus dem Alltagstrott. Wer tiefer in sich gehen will, bucht einen Termin bei Gastgeberin Barbara Langer, die als Reiki-Meisterin und Bachblüten-Beraterin Körper, Geist und Seele Gutes tut.

**€€** Frauenpension Arleta, Am Nordberg 7, 38644 Goslar, Tel. 05321 2 53 23, www.frauenpension-arleta.de

## 7 Romantikhotel Theophano

Quedlinburg, die Metropole am südlichen Harzvorland, ist berühmt für seinen reichen Bestand an Fachwerkhäusern. Im ehemaligen Gildehaus der Lohgerber, erbaut im 17. Jahrhundert, bietet das Hotel Theophano originelle Zimmer an. Die ehrwürdigen Dielen knarzen, das Gebälk ist freigelegt, zum Teil hat sich der Boden im Laufe der Jahrhunderte ein leichtes Gefälle zugelegt, in den Fluren zieht man besser den Kopf ein – früher waren die Menschen einfach kleiner. Himmelbetten in einigen Zimmern unterstreichen das Gefühl von Romantik. Auf einen Aufzug muss in diesem denkmalgeschützten Barockhaus verzichtet werden. Dafür ist die Aussicht auf den Marktplatz perfekt. Morgens weckt ein üppiges Frühstück die Lebensgeister, den Abend lässt man rund ums Haus in Quedlinburgs Gassen ausklingen oder im Hotelrestaurant bei Harzer Spezialitäten.

**€€/€€€** Hotel Theophano, Markt 13/14, 06484 Quedlinburg, Tel. 03946 9 63 00, www.hoteltheophano.de

## 8 Hotel am Hoken

Wie man Fachwerkhäuser vorbildlich saniert und gekonnt einrichtet, zeigt das Hotel am Hoken gleich neben dem Quedlinburger Rathaus. Mit viel Mühe hat Familie Löbel die alten Dielen restauriert. Die sorgsam freigelegten lehmverputzten Wände aus dem 17. Jahrhundert erzeugen ein einzigartiges Raumklima. Ökologische Baustoffe sorgen für gesundes Wohnen. Hervorragend passen die schlichten Shaker-Möbel in die Zimmer. Wer selber kochen will, mietet eines der beiden Appartements.

**€€** Hotel am Hoken, Hoken 3, 06484 Quedlinburg, Tel. 03946 5 25 40, www.hotel-am-hoken.de

## 9 Torfhaus Harzresort

Vielleicht stand Goethe genau dort, wo seit 2013 die Häuser des Torfhaus Harzresort stehen, und blickte auf den Brocken. Zu Zeiten des Dichters war das Torfhaus ein verlassener Flecken in der Wildnis, heute tobt der Brockentourismus. Abgeschirmt vom größten Trubel bieten die Ferienhäuser im Hüttenstil viel Platz für die Familie, Sauna, Kamin, WLAN, Ski- und Radunterstand. Wer lieber im Hotel wohnt, bucht sich im Berg-Hotel ein. Die Zimmer sind modern, wenn das legendäre Brockenwetter zuschlägt, bleibt noch WLAN-Surfen oder Bundesliga-Schauen auf einem üppig dimensionierten Fernseher. Sind die Tagestouristen weg, genießt man Brockenblick und Goetheweg fast für sich allein.

**€€/€€€** Torfhaus Harzresort, Torfhaus 2, 38667 Torfhaus/Harz, Tel. 0800 5 35 35 00, www.torfhaus-harzresort.de

Hotel
KAISERWORTH
Dukatenkeller
hotel

# Im Land der Kaiser

**Der Harz war im Mittelalter das Kernland der deutschen Kaiser. Pfalzen, großartige Kirchen und prächtige Städte wie Goslar erinnern an diese Zeiten. Sportler und Erholungsuchende zieht es eher hinauf in die bewaldeten Höhen des Oberharzes, eine Region, die nicht zuletzt auch für ihre an vielen Orten noch augenfälligen Bergwerkstraditionen bekannt ist.**

Am Goslarer Marktplatz steht das heutige „Hotel Kaiserworth", ursprünglich das Zunfthaus der Tuchhändler.

Die Goslarer Kaiserpfalz entstand im 11. und 12. Jahrhundert. An ihrem Südende erhebt sich die Ulrichskapelle, die ebenfalls im 12. Jahrhundert ihren Ursprung hat.

Die Pfalzkapelle St. Ulrich ist doppelstöckig – hier das Obergeschoss, von dem aus Kaiser Heinrich III. beispielsweise ungesehen am Gottesdienst teilnehmen konnte. Der Zugang erfolgte durch einen heute nicht mehr existierenden Wohntrakt.

Die im 19. Jahrhundert entstandenen Ausmalungen verherrlichen die Hohenzollern. Im Zentrum zu sehen ist Kaiser Wilhelm I. mit dem Thronfolger Friedrich Wilhelm.

Sein Name verrät das Landschaftsprägende: Das Wort Harz kommt von „Hart", was „Wald" bedeutet. Wie eine Insel ragt dieser vor Jahrmillionen herausgehobene Gebirgsstock aus dem Tiefland, eine allerdings von der deutsch-deutschen Teilung auch jahrzehntelang zerschnittene Insel. Wald ist das Pfund, mit dem der Harz bis heute wuchern kann, wenn sommers Wanderer, Radfahrer und Sommerfrischler auf die Höhen ziehen, im Winter abgelöst von Skifahrern und Rodlern. Den Bergstock umgeben, einer Perlenkette gleich, uralte Siedlungen. Deren größte ist Goslar, die alte Hanse- und Kaiserstadt.

**Ein Dorf macht Karriere**

Warum wurde aus einer winzigen Ansammlung strohgedeckter Hütten innerhalb von nur 40 Jahren eine der größten mittelalterlichen Städte nördlich der Alpen, letztlich sogar als Nordisches Rom bekannt? Die Antwort liegt auf dem Rammelsberg vor den Toren Goslars. Dort soll das Ross eines legendären Ritters mit seinen scharrenden Hufen eine Silberader freigelegt haben. Archäologen wissen, dass am Rammelsberg schon in der Bronzezeit zutage tretendes Kupfer gesammelt wurde. Vermutlich zu Zeiten Kaiser Ottos I. des Großen beuteten Bergleute tiefer liegende Erzadern aus. Aus Kupfer fertigte man Pfannen, Töpfe, Löffel, allerlei Farbstoffe und stellte damit Bronze her. Ohne Silber hingegen wäre das Münzwesen des Mittelalters nicht denkbar gewesen. Nur wer seine Hand auf ausgedehnte Silbervorkommen legen konnte, sicherte sich den nötigen finanziellen Spielraum zum Erhalt seiner Herrschaft. Am Rammelsberg tat sich das größte Erzlager seiner Zeit auf. Bergleute aus allen Teilen des noch jungen Reiches schürften hier im Auftrag der sich römisch nennenden Kaiser deutschen Ursprungs, in deren Kassen sich für ein halbes Jahrtausend ein unendlicher Geldstrom ergoss. Und Goslar wuchs und gedieh im Schatten dieses Erzberges.

Der mitten durch Goslars Altstadt verlaufende Bach Abzucht
betrieb über Jahrhunderte die Lohmühle.

Vorbei am Kaiserworth geht der Blick auf das schieferverkleidete ehemalige Kämmereigebäude,
dank seines Glockenspiels ein Anziehungspunkt am Marktplatz.

Deftige Hauszier: Dukatenscheißer am Kaiserworth

Kunsthandwerker haben heute im ehemaligen mittelalterlichen Hospiz Großes Heiliges Kreuz das Sagen.

Heinrich Heine fand 1824 „meistens schmale, labyrinthisch krumme Straßen … die Altertümlichkeiten der Einfassung, nämlich Reste von Mauern, Türmen und Zinnen, geben der Stadt etwas Pikantes". Und das ist bis heute so.

## Besuch in der Pfalz

Nicht nur die wirtschaftliche Bedeutung Goslars wuchs. Auch politisch entwickelte sich die Stadt zu einem Dreh- und Angelpunkt des Heiligen Römischen Reichs Deutscher Nation. Seit 1050 unterhielten die Kaiser des Mittelalters hier eine Pfalz. Heinrich IV. trat von Goslar aus seinen berühmten Gang nach Canossa an, der Streit zwischen Heinrich dem Löwen und dem Stauferkaiser Friedrich I. Barbarossa hatte den Harz als Kulisse.

Sichtbares Zeugnis dieser Epoche ist die Kaiserpfalz am Altstadtrand. An vielen Tagen platzt der Großparkplatz schier aus den Nähten, so dicht stehen Busse und Autos. Kaum einem Besucher fallen die Linien auf, die sich über den Parkplatz ziehen und den Grundriss des großen Domes anzeigen. Denn große Teile des Pfalzbezirks sind längst dahin.

„Ich hatte von dem uralten Dom und von dem berühmten Kaiserstuhl gelesen. Als ich aber beides besehen wollte, sagte man mir: Der Dom sei niedergerissen und der Kaiserstuhl nach Berlin gebracht worden", klagt Heinrich Heine 1824 in seiner „Harzreise". Schon im 11. Jahrhundert setzten mehrere Brände den Gebäuden zu, die man seinerzeit allerdings umgehend wieder aufbaute. Doch kaum sank der Stern Goslars als Kaisersitz, fehlte die Kraft, das Erbe zu unterhalten. Verfall setzte ein. Der Kaisersaal verkam, die Liebfrauenkirche wurde zum willkommenen Steinbruch, auch der herrliche Dom drohte einzustürzen. Hin und her gerissen zwischen teurem Wiederaufbau und günstigerem Abriss, entschieden sich die Stadtoberen 1820 für einen fast vollständigen Abbruch der einstigen Bischofskirche. Von der bedeutendsten Kirche der Salierzeit ist nur noch die Vorhalle geblieben. Dieses Schicksal blieb dem Kaisersaal erspart. 1867/1868 – mittlerweile hatte sich überall in Mitteleuropa eine Mittelalter-Euphorie durchgesetzt, man denke nur ans bayerische Neuschwanstein – ließ ihn die Stadt restaurieren, pompöser als er je war, aufbauen und mit diversen historisch fragwürdigen Anbauten versehen. Auch die sehr bunten Wandmalereien, die stolz in die Welt blickende Kaiser und Könige zeigen, stammen aus dieser Zeit und spiegeln eindrucksvoll den Zeitgeist.

## Beim Backenbrecher

Sehr viel wirklichkeitsnäher ist die Situation am Rammelsberg, unter Lagerstättenforschern in aller Welt eine Legende, für jeden Goslar-Besucher Pflicht. Kein Erzbergwerk der Welt war so lange in Betrieb, und an wohl keinem

Das Oberharzer Bergwerksmuseum in Clausthal-Zellerfeld zeigt auch Mineralien (oben links). In der Umkleidekaue am Rammelsberg zogen sich die Bergleute ihre Arbeitskleidung an, die zum Lüften und Trocknen unter der Decke hing, bevor es dann, unter anderem, in den Röderstollen ging (oben rechts und unten rechts). Trübe Funzeln gehörten einst zum Arbeitsalltag unter Tage – hier aus dem 19-Lachter-Stollen in Wildemann (unten links).

Der Rammelsberg-Bergbau, im Dritten Reich als kriegswichtig eingestuft, wurde in den 1930er-Jahren kräftig erweitert. Damals entstand auch die am Hang gelegene Erzaufbereitung.

Die Erzsuppe wurde in den Schmelzöfen zu Silber, Gold, Blei und Zink verhüttet.

anderen Ort sind Wohl und Wehe des Harzer Bergbaus in so geballter Form zu erleben.

3000 Jahre lang bauten Menschen hier Erze ab. Heute zählt die erst 1988 stillgelegte Anlage zum UNESCO-Welterbe. Die 1934 bis 1936 erbaute Erzaufbereitung gilt als ein Meisterwerk der Industriearchitektur mit ihren akkurat hangaufwärts gestaffelten Hallen. In der obersten wurden die Loren aus dem Förderschacht gespuckt, automatisch gekippt und entleert. Die Brocken bewegten sich nun Halle für Halle hangabwärts, wurden von lärmenden Backenbrechern und Kugelmühlen auf Fußballgröße zertrümmert, dann auf Apfel- und Erbsengröße, immer kleiner, bis schließlich ein feiner Gesteinsbrei entstand, eine Erzsuppe, die in den Schmelzöfen am Ausgang des Okertals im Osten der Bergstadt zu Silber, Gold, Blei und Zink verhüttet wurde.

Davor, bis zum ausgehenden Mittelalter, war die sogenannte Wanderverhüttung üblich. Der riesige Holzkohlebedarf ließ sich nämlich nicht direkt an den Erzstätten stillen. Seinerzeit war der Transport des Erzes zu den Forsten einfacher als das Heranschaffen des benötigten Holzes. Rund 200 weithin verteilte Schlackenplätze erinnern im Harz an dieses Zeitalter in der Metallgewinnung.

Das Soleheilbad Harzburg verströmt noch etwas vom mondänen Flair des 19. Jahrhunderts – an seiner halbkreisförmigen Trinkhalle und während der sommerlichen Rennwochen.

### Die letzte Lore

Zahlreiche Goslarer Familien stellten Generationen von Bergleuten, die hier dem gefährlichsten Job der Welt nachgingen. Denn Grubenunglücke begleiteten auch die Harzer Bergleute schon immer. 1673 heißt es vom Steiger Adam Eiben: Er „bekömbt im Berge morgens umb 8 Uhr einen tödtlichen Schaden, indem er von einem großen Schiefer-Patzen, der ihm in den Rücken gefallen, gantz zusammen gedrücket wird". Ein ausgeklügeltes Wohlfahrtssystem schützte die Angehörigen nach solchen Unglücken vor dem Schlimmsten.

Am 30. Juni 1988 endete schließlich die Bergbautradition für die bis dato beschäftigten 1000 Arbeiter. Die letzte Lore rumpelte aus der Tiefe, dann stellte die

Internationale Vorbilder vor Augen, entwickelte sich Bad Harzburg im 19. Jahrhundert zum mondänen Kurort.

Preussag AG die Förderung am Rammelsberg für immer ein. Für immer? Seit 2009 sondieren Lagerstättenexperten im Auftrag einer skandinavischen Fördergesellschaft das Terrain. Im Zeichen explodierender Rohstoffpreise könnte sich der Abbau von Blei, Kupfer und Baryt, vor allem aber Zink doch wieder lohnen. Möglicherweise setzt also bald erneut der große Run auf den Rammelsberg ein.

### Fotogene Jäger

Es ist nicht so ganz einfach, frischen Vermarktungswind in die teils etwas angestaubten Harzstädte zu blasen. Bad Harzburg ist das bravourös gelungen. Der einst biedere Kurort positioniert sich nun auch als Zentrum für Tierfreunde und Abenteuerlustige: An der „Rabenklippe" hat der Nationalpark Harz ein Luchsgehege eingerichtet. Die

Ein Hauch Norwegen in Hahnenklee: die 1908 errichtete Stabkirche

Der Schnitzaltar gehört zu der barocken Ausstattung der 1642 geweihten Clausthaler Marktkirche Zum Heiligen Geist.

Hahnenklees Stabkirche ist ein Musterbeispiel der Holzbaukunst.

Oberharzer Wasserwirtschaft

Special

# Wasser für die Gruben

**Bergbau war vor der Erfindung der Dampfmaschine entscheidend vom Wasser abhängig. Um übers ganze Jahr hinweg große Wassermengen verfügbar zu haben, schuf man ein ausgeklügeltes System aus Teichen, Dämmen, Rinnen und Tunneln.**

Richtung Clausthal: Sperberhaier Damm

Ohne Wasser liefen die Wasserräder nicht, Antrieb der Förderanlagen, Pochwerke und Pumpen, um Stollen vom Grundwasser zu befreien. Zwischen 1534 und 1864 entstand ein beeindruckendes Wassersammel- und Speichersystem, die „Oberharzer Wasserwirtschaft“. Aus dem ganzen Brockengebiet fing man Wasser auf und leitete es viele Kilometer weit den Gruben zu. Knapp 50 Kilometer misst der 1732 begonnene Dammgraben. Der Oderteich bei Torfhaus lieferte Wasser über den Rehberger Graben für 88 Wasserräder bei St. Andreasberg. Unter Clausthal-Zellerfeld lag in 350 Meter Tiefe ein Tunnelsystem, das Wasser aus dem ganzen Oberharz sammelte. Insgesamt zählte das System rund 143 Teiche, über 500 Kilometer Gräben und 30 Kilometer Wasserläufe. Diese anzulegen, war eine mess- und bautechnische Meisterleistung, sie ganzjährig in Betrieb zu halten, erforderte höchsten Einsatz. Heute werden noch 65 Teiche, 70 Kilometer Gräben und 21 Kilometer Wasserläufe als Teil des UNESCO-Welterbes gepflegt – Sie sind Ziel regelmäßiger Führungen.

Tiere lassen sich vorzugsweise während der Fütterungszeiten blicken, und dann herrscht immenser Andrang. Die Katzenaugen beobachten jede Bewegung der alljährlich 10 000 Besucher. Ein Luchs gähnt und lässt beeindruckende Zähne funkeln. Ein anderer tut den Fotografen den Gefallen, wetzt die Krallen an einem Stamm und springt dann mit zwei großen Sätzen nach Katzenart den Baum hinauf. Menschen gehören nicht ins Beuteschema des Reh- und Hasenjägers, dennoch ist man insgeheim ganz froh um den trennenden Zaun. Wie Bär und Wolf war auch der Luchs im Harz heimisch, bis 1818 ein gezielter Schuss das letzte Harzer Pinselohr erledigte. Heute, 200 Jahre später, sorgt das Ökobewusstsein für ein Umdenken. Im Jahr 2000 setzte man 24 Tiere aus Gehegen aus und überließ sie sich selbst. Zehn Jahre später gab es bereits 86 Nachkommen. Die Tiere dienen auch der Wissenschaft. Drei von ihnen tragen Peilsender und hinterließen elektronische Spuren in einem immerhin 600 Quadratkilometer großen Revier. Einer der Schützlinge hat den Harz verlassen und lebt heute in den Wäldern bei Kassel, ein anderer in der Lüneburger Heide. Als Sympathieträger, das haben die Bad Harzburger klar erkannt, eignen sich die schönen Großkatzen mit den Pinselohren ideal.

Beim Sehusa-Fest in Seesen, dem größten Historienfest in Norddeutschland, ...

Rüde Rechtsbräuche gehören bei diesem mittelalterlichen Spektakel natürlich dazu.

… herrschen einmal im Jahr Landsknechte und Musketiere.

**Stadt vom Reißbrett**

Auf einer Hochebene liegt Clausthal-Zellerfeld, seit 1924 eine von Wald und Wiesen eingefasste Doppelgemeinde. Clausthal und Zellerfeld gehörten zu den Sieben Freien Bergwerksorten, ein stolzer Ehrentitel im Harz. „Glück auf!", der Bergmannsgruß, ist noch heute gang und gäbe bei den Einheimischen. Bergbau gehört auch hier zu den wichtigsten Attraktionen für Besucher. Sehr ungewöhnlich ist das Stadtbild Zellerfelds. Nachdem 1672 der gesamte Ort bis auf den Grund niederbrannte, entschied man sich beim Neuaufbau für einen schachbrettartigen Ortsgrundriss mit bis zu 25 Metern breiten Straßen als Feuerschneisen zwischen den ansehnlichen Holzhäusern. Früher konnte man an der Wohnlage auch die Stellung ablesen: Am zentralen Marktplatz lagen die nobelsten Bürgerhäuser; mit zunehmender räumlicher Distanz zum Zentrum sanken sozialer Status und Einkommen.

Tourismus gehört heute in der gesamten Region zur wichtigsten Einnahmequelle. Gäste reisen teils bis aus Dänemark an. Die Skandinavier dürften sich vor allem in Hahnenklee-Bockswiese wohlfühlen. Hier steht eine Stabkirche, wie sie sonst nur in Norwegen zu finden ist. Als die Kirche in Hahnenklee zu klein wurde, ließ sich Baurat Karl Mohrmann von der Landeskirche eine Holz-

Der Bergbau und alles, was damit zusammenhängt, ist auch in Bad Grund ein großes Thema:
Informationen zur Oberharzer Wasserwirtschaft in der Iberger Tropfsteinhöhle.

Auch durch Harzer Wasser entstanden, allerdings nicht von Menschenhand:
kalkige Kunstwerke in der Iberger Tropfsteinhöhle

In jedem anständigen Rathaus ist auch ein Ratskeller untergebracht – so auch in Osterode am Harz.

Der lange Arm des Bergbaus reichte einst bis nach Osterode, wo Metall verarbeitendes Gewerbe Wohlstand brachte, der dem Stadtbild bis heute anzusehen ist.

kirche nordischen Stils genehmigen. Seit ihrer Einweihung 1908 stehen Gäste aus aller Welt staunend vor dem fremdartig-archaisch wirkenden Gotteshaus.

### Schönheit unter Tage

Bad Grund am Westrand des Harzes zeigt, dass es auch unter Tage regelrechte Naturschönheiten geben kann. Am Iberg, einem Kalkberg, hat das Wasser eine gewaltige Tropfsteinhöhle geschaffen, indem es das Eisenerz im Gestein zum Rosten brachte und so den Kalkstein auflöste. Knapp 100 Höhlen sind auf diese Weise entstanden, ein unterirdisches, über viele Kilometer verflochtenes Labyrinth. 300 Meter können besichtigt werden. Träge fallen die Kalkwassertropfen von der Höhlendecke und fügen in Jahrmillionen einen Millimeter dem nächsten hinzu, formen Tropfsteine, kindergroß, mannsgroß, haushoch – versteinerte Zeit, zu skurrilen Gestalten geronnen. Einige der Stalaktiten (von der Decke hängende Zapfen) und Stalagmiten (vom Boden aufwachsend) tragen die Namen von Harzer Sagenfiguren. So soll hier auch Zwergenkönig Hübich sein Reich gehabt haben. Ungewöhnliche Färbungen der Tropfsteine entstehen durch mineralhaltige Ablagerungen. Das mittlerweile viele Grün der Moose und Flechten ist hingegen auf die künstliche Beleuchtung der Bergtiefen zurückzuführen.

### Verbindung in uralte Zeiten

Einen ganz anderen Schatz birgt die 15 Kilometer von Bad Grund entfernte Lichtensteinhöhle. Archäologen fanden im feinen Sediment Knochen von etwa 60 Menschen aus der Bronzezeit – zwischen dem 10. und 8. vorchristlichen Jahrhundert hatte die Höhle als Begräbnisstätte gedient. Das ist an sich nicht überaus spektakulär, der wissenschaftliche „Knüller" war vielmehr die DNA der Toten, die ausnahmsweise sehr gut erhalten geblieben ist. Ihr Vergleich zeigte, dass einige der Bestatteten einer Großfamilie angehört hatten, was für sich gesehen auch nicht überraschend ist. Doch die Forscher gingen noch einen Schritt weiter: Sie gewannen die benachbarte Bevölkerung für eine Speichelprobe. Und landeten einen Volltreffer: Bei zwei Männern konnte eine direkte verwandtschaftliche Beziehung zu einem der Toten der Höhle nachgewiesen werden. Das heißt, an diesem Ort lebten über rund 120 Generationen Menschen einer Familie – ein solcher Nachweis gelang bislang nirgendwo sonst auf der Welt.

Bad Grund ist natürlich mächtig stolz darauf, den längsten Stammbaum der Menschheitsgeschichte zu besitzen.

Einzigartige Spezialitäten

# Weit mehr als Harzer Käse!

Den in handlichen Päckchen angebotenen Harzer Käse kennt jeder. Aber wie sieht es mit dem Roten Höhenvieh aus, der Goslarer Gose oder den Stolberger Lerchen? In und um den großen Wald gibt es allerlei zu schmecken. Sogar Wein.

## 1 Weingut Kirmann

Schon vor der Wende baute Matthias Kirmann in Westerhausen Wein an, nach der Wende wurde aus dem Hobby ein Beruf. Weingeografisch gehören seine drei Hektar zum Anbaugebiet Saale-Unstrut. Die Lagen im südlichen Harzvorland liefern Spätburgunder, Traminer sowie Riesling, Weißburgunder und weitere drei Rebsorten. Und Kirmann ist offen für Experimente. Einen Teil der Ernte liest er bei Vollmond. Ob sich das im Geschmack niederschlägt, muss jeder selbst schmecken. Etwa bei einer Verkostung direkt auf dem Hof, im Restaurant Benedikt (Marktkirchhof 18, Quedlinburg). Oder online bestellen.

Harzer Weingut Kirmann, Westerhäuser Gartenstr. 532, 06502 Westerhausen, Tel. 03946 70 14 66, Hofverkauf und Verkostung nach Voranmeldung, www.harzer-weingut.de

## 2 Goslarer Gose

Lange Zeit gehörte die Gose zu Goslar wie das Kölsch zu Köln. Schon im Mittelalter sollen Biertrinker das Gebräu aus der damaligen Kaiserstadt geschätzt haben. Dann trat die Gose einen Siegeszug an, der bis nach Leipzig führte. In ihrer Heimat jedoch geriet sie in Vergessenheit. Erst die Wende brachte die Wiedererweckung. Heute wird es wieder in Goslar gebraut. Das obergärige Weizenbier ist naturbelassen, unfiltriert und frei von Konservierungsstoffen. Ein wenig Salz und Koriander sorgen für einen sehr typischen Geschmack, der leicht ins Säuerliche spielt – ein idealer Durstlöscher und ein rundum besonderes Bier.

Brauhaus Goslar, Marktkirchhof 2, 38640 Goslar, Tel. 05321 68 58 04, www.brauhaus-goslar.de

## 3 Westerhäuser Käsehof

Mit dem berühmten Harzer Käse, der deutschlandweit in Kühltheken auf Kundschaft wartet, ist es so eine Sache. Mittlerweile wird der „Stinker" gar nicht mehr im Harz hergestellt, sondern in Sachsen. Aber die Kunst der Käseherstellung hat man im Harz nicht verlernt. Das beweist der Käsehof. Die verarbeitete Kuhmilch stammt vom Roten Harzer Höhenvieh, von März bis November geben die 70 hofeigenen Ziegen genug Milch. Die kleine Käserei stellt köstliche Schnitt- und Weichkäse in Bioland-Qualität her, auch die Ziegenfrischkäse sind ein Gedicht.

Westerhäuser Käsehof, Unter dem Mühlenberg 41b, 06484 Westerhausen, Tel. 0173 9 58 76 89, www.kaese-hof-am-harz.de, Hofverkauf Fr 9.00–17.00 Uhr oder nach telefonischer Vereinbarung, Stand auf dem Quedlinburger Wochenmarkt am Samstag, donnerstags in Bad Harzburg

## 4 Klosterbrennerei Wöltingerode

Im ehemaligen Kloster Wöltingerode schwören die Edelbrenner auf ihre Brenngeräte aus Kupfer, Wasser aus dem Klosterbrunnen und Weizen vom eigenen Acker. Der Erfolg gibt ihnen Recht. 2010 brannten sie in den Augen der DLG den besten Korn Deutschlands. Auch sonst hat man sich auf dem ehemaligen Klostergut den alkoholischen Spezialitäten verschrieben und produziert Liköre, Magenbitter, Korn aller Art sowie ein Bier namens „Wölti-Bräu"; der „Himmelspforte Merlot" stammt aber von einem klostereigenen Weinberg in Ungarn.

Klosterbrennerei, Wöltingerode 1, 38690 Goslar, Tel. 05324 58 80, www.woeltingerode.de, Klosterladen Mo.–Fr. 13.00–16.30 Uhr, Führung mit Verkostung Do. 15.30, Sa., So. 14.00 Uhr (außer an kirchlichen Feiertagen)

## 5 Wurst vom Brockenbauern

Fast wäre es ums Harzer Rote Höhenvieh geschehen gewesen. Die alte Haustierrasse vertrug sich nicht mit den heutigen Ansprüchen an Hochleistungsrinder. Doch ein kleiner Bestand konnte nachgezüchtet werden. Heute schmücken Produkte vom Harzer Höhenvieh so manche regional gefärbte Speisekarte. Brockenbauer Uwe Thielecke schwört auf die roten Rinder. 150 Mutterkühe, fünf Zuchtbullen und eine wechselnde Schar Kälbchen weiden auf den Wiesen rund um Tanne. Hofeigene Schlachtung und Direktvermarktung gehören zum Konzept des Bio-Hofs. Luftgetrockneter Kräuterschinken, Wurstspezialitäten, Sülzen, Rouladen und vieles mehr gibt's im Hofladen.

Brockenbauer, Schierker Weg 13, 38875 Tanne, Tel. 039457 3312, www.brockenbauer.de, Hofladen Mo–Sa 15.00 bis 17.00 Uhr

## 6 Stolberger Lerchen

Stolberg im Südharz ist die Heimat der Friwi-Kekse (siehe auch S. 101) – und der Stolberger Lerchen. Die haben mit Vögeln rein gar nichts zu tun, vielmehr handelt es sich um dünne, geräucherte und luftgetrocknete Bratwürste. „Der Volksmund überlieferte, dass die beim Braten entweichende Luft, ähnlich dem Gesang der Lerchen, zum Namen führte", zitiert man im Hotel Kanzler, wo die würzigen Stolberger Lerchen mit Grünkohl und Kartoffeln serviert werden.

Hotel Zum Kanzler, Markt 8, 06536 Stolberg, Tel. 034654 2 05, www.zum-kanzler.de

## 7 Harzer Naturküche

Feld, Wald und Wiesen des Harz liefern die Ausgangsstoffe für eine ganze Reihe von Köstlichkeiten. Aus Brennesseln, Dost, Feldstiefmütterchen und anderen Kräutern entsteht der Südharzer Wildkräutertee, zahlreiche Senfsorten fußen auf Harzer Rezepten, in der Region wird Salbeiwein und Fichtensirup erzeugt, Wildkräuter- und Bärlauchsalz, Käse von Harzer Kühen und vieles mehr. Mühelos beschafft man sich das alles in der „Harzer Naturküche", einem liebevoll eingerichteten Lädchen, das zum Stöbern animiert.

Harzer Naturküche, Steinbrücke 13, 06484 Quedlinburg, Tel. 0173 1 63 48 02, www.harzer-naturkueche.de, Mo.–Sa. 10.00–18.00 Uhr

BOCKENEM
Liebenburg
Schladen
Lutter am Barenberge
LANGELSHEIM
VIENENBURG
SEESEN
GOSLAR
BAD HARZBURG
ILSENBURG
Naturpark
LAUTENTHAL
HAHNENKLEE
BOCKSWIESE
WILDEMANN
ZELLERFELD (Bergstadt)
ALTENAU
BAD GRUND (Harz)
CLAUSTHAL-
Nationalpark Harz
Brocken
LERBACH
Harz
OSTERODE am Harz
BRAUNLAGE
SANKT ANDREASBERG
Katlenburg-
Wulften am Harz
-Lindau
Hattorf am Harz
HERZBERG am Harz
BAD LAUTERBERG im Harz
Wieda
Bilshausen
Gieboldehausen
BAD SACHSA
ELLRICH
Walkenried
Rhumspringe
Rollshausen
Seeburg
Seulingen
Deutsche Fachwerkstraße
Deutsche Alleenstraße
1
2
3
4
5
Maßstab 1:200.000
0
2
4km

# Kaiserpracht und Silberglanz

*Die Perle des Westharzes ist die alte Kaiserstadt Goslar. Der Oberharz, zu dem auch die Doppelgemeinde Clausthal-Zellerfeld gehört, steht insbesondere für alte Bergmannstraditionen.*

## 1 Seesen

Am äußersten Westzipfel des Harz liegt die ehem. Stiftssiedlung (19 300 Einw.). 1830 baute Heinrich Steinweg hier sein erstes Klavier; ausgewandert nach Amerika, wurde er mit seiner Firma „Steinway & Sons" weltbekannt.

**SEHENSWERT**
Im 1707 erbauten ehem. Jagdschloss der Herzöge von Braunschweig hat das Städtische Museum seinen Sitz. Neben den Steinway-Instrumenten spielt die Geschichte der Konservendose eine wichtige Rolle (Wilhelmsplatz 4, www.museum-seesen.de; Di.–Fr. 11.00–17.00, Sa. und So. 14.00–17.00 Uhr). Seit 2015 verbindet der 15 km lange, kulturhistorische Wanderweg „Steinway-Trail" Seesen und Wolfshagen. Der Max-und-Moritz-Erfinder Wilhelm Busch lebte 1898–1908 bei Seesen; an ihn erinnert das Wilhelm-Busch-Haus (Seesen-Mechtshausen, Pastor-Nöldeke-Weg 7, www.wilhelm-busch-haus.de; März–Okt. Di.–So. 15.00–17.00, sonst Sa. und So. 14.00–16.00 Uhr).

**VERANSTALTUNG**
Das **Sehusa-Fest** am ersten Sept.-Wochenende umfasst Seesens Geschichte vom Mittelalter bis zum Vorabend der Französischen Revolution (www.sehusafest.de).

**INFORMATION**
Tourist-Information, Marktstraße 1, 38723 Seesen, Tel. 05381 75243, www.seesen.de

## 2 Goslar

Seit 1992 zählt die Altstadt von Goslar (50 700 Einw.) gemeinsam mit dem Rammelsberg zum Welterbe der UNESCO. Die ehemalige Hansestadt gelangte zwischen 1000 und 1250 als Kaiserpfalz zur Blüte. Kultureller Höhepunkt ist die alljährliche Verleihung des Kaiserrings, eines internationalen Kunstpreises.

**SEHENSWERT**
Rund 800 Häuser der **Altstadt TOPZIEL** stammen aus der Zeit vor 1800. Zu den prächtigsten gehören das Küsterhaus der Frankenberger Kirche (Frankenberger Plan; 1504), das „Brusttuch" (Hoher Weg 1; 1521–1526) und das Mönchehaus (Mönchestraße 3; 1528). An der Westseite des Marktplatzes erhebt sich das **Rathaus,** dessen fünf breite Arkaden um 1450 entstanden. Innen lohnt der Huldigungssaal einen Besuch; den ehem. Sitzungssaal der Goslarer Ratsherren (1505–1520) zieren u.a. Tafelgemälde eines niedersächsischen Meisters (Bauarbeiten bis Ende 2016, Besichtigung nur durch ein Sichtfenster). Der **Marktbrunnen** (13. Jh.) trägt einen vergoldeten Reichsadler, um den Rang einer Freien Reichsstadt zu unterstreichen. Auf der Südseite des Marktplatzes liegt der **Kaiserworth,** 1494 als Gildehaus der Gewandschneider (Tuchhändler) errichtet und heute Hotel. Von der **Stadtbefestigung** haben sich Relikte erhalten. Die Mauer selbst geht auf das 12. Jh. zurück, wurde aber im 15. und 16. Jh. auf bis zu 10 Meter erhöht; eindrucksvoll ist das im Osten gelegene Breite Tor (1443).
47 Kirchen, Klöster und Kapellen verhalfen Goslar einst zum Beinamen Nordisches Rom. Heute zählt die Stadt noch fünf Pfarrkirchen. Die **Marktkirche St. Cosmas und Damian** (Urspr. um 1150, Türme 13. Jh., Helme 1593) sticht durch ihre ungleichen Turmhelme sofort ins Auge. Sie bezaubert mit neun spätromanischen Glasmalereien (1250) und einer alten Bibliothek. Ein wuchtiger Westriegel charakterisiert **St. Jakobi;** ein Schatz der 1073 erbauten Kirche ist die spätgotische Pietà, von Hans Witten 1515 geschnitzt. Die **Neuwerkkirche** ist eine nie veränderte romanische Basilika. Sie ist der Überrest eines im 12. Jh. gegründeten Benediktinerinnenklosters und birgt im Inneren restaurierte Wandmalereien von 1230/1240. Im Garten steht die Granitskulptur „Tor in Goslar" des Schweizer Künstlers Max Bill (1908–1994). Vermutlich unter Heinrich II. wurde 1005–1015 die erste **Kaiserpfalz** erbaut; mehrfach um- und wiederaufgebaut, drohte sie im 19. Jh. zu zerfallen. Kaisersaal, Domvorhalle und Ulrichskapelle gehen auf Heinrich III. und die Zeit zwischen 1040 und 1050 zurück. Der prächtige Kaisersaal war Schauplatz vieler Reichsversammlungen; die heute verglaste Ostfassade stand im Mittelalter offen. Original ist nur noch die Deckenkonstruktion von 1477, alles Übrige ein Ergebnis der Restaurierungen 1867–1879. Auch über die große Freitreppe von 1886/1887 schritt nie ein mittelalterlicher Kaiser. Hermann Wislicenus (1825–1899) bemalte den Kaisersaal. Ebenfalls eine späte Zutat ist der Arkadengang zur Pfalzkapelle St. Ulrich. Dort steht das Grabmal Heinrichs III. (1017–1056), das eine vergoldete Kapsel mit seinem Herzen enthält. Der kaiserlicher Körper ist in Speyer beigesetzt. Von der zum Pfalzbezirk gehörenden Stiftskirche St. Simon und Judas (Urspr. 1047),

*Goslarer Markt: Fachwerkhäuser in der Altstadt Goslars (links), das Glockenspiel am Kaiserringhaus (oben)*

bis 1822 abgerissen, steht noch die Vorhalle, fälschlich als „Domvorhalle" bezeichnet. Sie beherbergt den „Kaiserstuhl", Thron der Salier und Hohenstaufen; die verschnörkelte Bronzelehne ist eine Replik, das Original befindet sich in der Kaiserpfalz (April–Okt. tgl. 10.00 bis 17.00, sonst tgl. 10.00–16.00 Uhr).

### MUSEEN

Im **Mönchehaus** wird moderne Kunst gezeigt und im Okt. der renommierte Kunstpreis Kaiserring an einen namhaften modernen Künstler verliehen; 1975 erstmals an Henry Moore, 2015 an den ukrainischen Künstler und Fotograf Boris Mikhailov (Mönchestr. 1, www.moenchehaus.de; Di.–So. 10.00–17.00 Uhr). In der restaurierten Lohmühle zeigt das **Zinnfigurenmuseum** seine Schätze (Klapperhagen 1, www.zinnfigurenmuseum-goslar.de; April–Okt. Di.–So. 10.00–17.00, Nov.–März Di.–So. 10.00 bis 16.00 Uhr).

Eine der bedeutendsten Touristenattraktionen des Harzes ist der **Rammelsberg** TOPZIEL. Bis 1988 wurde hier Erz abgebaut. Ein Besuch unter Tage führt in den Rathstiefsten Stollen (12. Jh.) und den Roeder-Stollen (18./19. Jh.). Aus den Werkräumen sind Museen geworden; besonders die 1936–1938 erbaute Erzaufbereitung verspricht eine spannende Führung (www.rammelsberg.de; tgl. 9.00–18.00 Uhr, Übertageführungen in der Erzaufbereitung tgl. 13.45 Uhr, Untertageführungen mehrmals tgl.).

Tipp

## Bei den Luchsen

Seit 1998 werden im Harz gezielt Luchse ausgewildert. Die scheuen Raubkatzen bekommt man in freier Wildbahn jedoch kaum zu Gesicht. Wer Luchse sehen möchte, kann im Schaugehege Rabenklippe den Luchskatern Attila und Tamino sowie dem Weibchen Pamina einen Besuch abstatten. Zu den Fütterungszeiten zeigen sich die nachtaktiven Tiere auch tagsüber.

### INFORMATION

www.luchsprojekt-harz.de
Fütterungen Mi. und Sa. 14.30 Uhr. Nur zu Fuß (leichte Wanderung ab Haus der Natur im Kurpark von Bad Harzburg) oder mit dem Bus erreichbar (Linie 875 ab Bad Harzburg Bahnhof; April–Mitte Nov.)

*Naturschauspiel Radau-Wasserfälle*

### HOTELS UND RESTAURANT

Nobel und zentral wohnt es sich im € € € **Hotel Der Achtermann** mit großem Wellnessangebot und Restaurant (Rosentorstraße 20, 38640 Goslar, Tel. 05321 7 00 00, www.der-achtermann.de). Zentraler geht es kaum: Das € € **Gästehaus Schmitz** liegt gleich beim Marktplatz (Kornstraße 1, 38640 Goslar, Tel. 05321 2 34 45, www.schmitz-goslar.de). Handfeste Mahlzeiten und ein grandioser Blick auf die Stadt erwarten den Gast im Ausflugslokal € € **Maltermeister Turm** (Rammelsberger Straße 99, Tel. 05321 48 00).

### INFORMATION

Goslar Marketing GmbH, Markt 7, 38640 Goslar, Tel. 05321 7 80 60, www.goslar.de

## 3 Bad Harzburg

Das gemütliche Kurstädtchen (22 000 Einw.) nennt sich heute „Stadt der Luchse". Hoch her geht es bei der Galopprennwoche im Juli.

### SEHENSWERT

Bummelmeile der Stadt ist die **Herzog-Wilhelm-Straße.** An ihr liegen Geschäfte, Cafés und Restaurants. Seit 2015 führt ein Baumwipfelpfad vom Zentrum ins Kalte Tal. Auf 22 Metern Höhe vermitteln 33 Erlebnisstationen Wissenswertes um Natur und Kultur (Aufgang barrierefrei, April–Okt. 9.30–18.00, Nov. bis März 10.00–16.00 Uhr, www.baumwipfelpfad-harz.de). Alles über die Natur im westlichen Harz erfährt man im **Haus der Natur** am Ortsausgang (Nordhäuser Straße 2b, www.haus-der-natur-harz.de; Di.–So. und Fei. 10.00 bis 17.00 Uhr) nahe der Seilbahn (tgl. 9.00 bis 13.00 und 13.30–17.00 Uhr, im Winter kürzer). Die Bahn bringt Gäste bequem auf den Burgberg zu den Relikten der **Harzburg,** die Heinrich IV. im 11. Jh. zum Schutz von Goslar errichten ließ. Direkt an der Bundesstraße 4 nahe des südl. Ortsausgangs rauschen die **Radau-Wasserfälle.**

### AKTIV

Die **Sole-Therme** mit Saunawelt ist tgl. geöffnet (Nordhäuser Straße 2a, www.sole-therme-bad-harzburg.de; tgl. 8.00–21.00, So., Fei. bis 19.00 Uhr).

### HOTEL UND RESTAURANTS

Moderne Zimmer und Appartements hat € € € **Plumbohms Bio-Suiten und Hotel** (mit Bistro-Café; Herzog-Wilhelm-Straße 97, 38667 Bad Harzburg, Tel. 05322 32 77, www.plumbohms.de). Eine vorzügliche Weinauswahl und köstliche Pizzen zeichnet das € € **Ristorante-Vinotheka Firenze** aus (Herzog-Wilhelm-Straße 89, Tel. 05322 26 09). Das kurios eingerichtete € **Café Winuwuk** wurde von Worpsweder Künstlern erbaut (Waldstraße 9, Tel. 05322 14 59; Mi.–So. 11.30–18.00 Uhr).

### UMGEBUNG

In **Vienenburg** (nördl.) liegt das ehem. Kloster Wöltingerode, bekannt für seinen Kräuterschnaps (mit Hotel, www.woeltingerode.de; Führungen mit Schnapsprobe Do. 15.30, Sa. und So. 14.00 Uhr). Besuchenswert ist auch das Eisenbahnmuseum (www.ebm-vienenburg.de; Do.–So. 15.00–17.00 Uhr).

### INFORMATION

Tourist-Information, Nordhäuser Straße 4, 38667 Bad Harzburg, Tel. 05322 7 53 30, www.bad-harzburg.de

## 4 Clausthal-Zellerfeld

Die beiden Teile der Doppelgemeinde (15 800 Einw.) bestehen seit dem 16. Jh.; Clausthal ist Sitz einer Technischen Universität. Ringsum finden sich Zeugnisse des Harzer Bergbaus.

### SEHENSWERT

Die **Marktkirche zum Hl. Geist** (1637–1642) in Clausthal ist mit 2200 Plätzen die größte Hallenkirche Deutschlands.

### MUSEEN

Das **Oberharzer Bergwerksmuseum** gibt Einblick in die Geschichte des Oberharzer Gangbergbaus. Spannend ist ein nachgebauter Stollen nur 2,50 m unter der Erde (Bornhardtstraße 16, www.bergwerksmuseum.de; tgl. 10.00 bis 17.00 Uhr). Ein Paradies für Mineralienfreunde ist das **Geomuseum der Technischen Universität** (Adolph-Roemer-Straße 2a, www.geomuseum.tu-clausthal.de; Di.–Fr. 9.30 bis 12.30, Do. auch 14.00–17.00, So. 10.00 bis 13.00 Uhr). Einblicke in die **Oberharzer Wasserwirtschaft** bietet eine Ausstellung im Betriebshof Clausthal der Harzwasserwerke auf dem Gelände des 1023 m tiefen ehem. Kaiser-Wilhelm-Schachts (Erzstraße 24, www.harzwasserwerke.de; April–Okt. tgl. 15.00–17.00 Uhr).

### HOTEL

Freundlich eingerichtete Zimmer, gute Küche und ein Wellnessbereich zeichnen das € € €

*Eine der bedeutendsten Touristenattraktionen des Harzes ist der Rammelsberg.*

**Hotel Njord** aus, gern von Sportlern frequentiert (Parkstraße 2, 38644 Goslar-Hahnenklee, Tel. 05325 5 28 93 70, www.hotelnjord.com).

**AKTIV**
10 km östlich liegt die 225 ha große **Okertalsperre** (1956). Die „MS AquaMarin" macht Rundfahrten auf dem verzweigten Stausee (Okersee Schiffahrt GmbH, Tel. 05329 8 11, www.okersee.de). Der Bocksberg bei Hahnenklee (11 km nördl.) ist zum ErlebnisBocksBerg mutiert. Zum Bikepark gesellen sich nun Sommerrodelbahn, Bagjumpanlage und Riesentrampolin (www.erlebnisbocksberg.de).

**UMGEBUNG**
Ein Kuriosum ist die Stabkirche in **Hahnenklee** (11 km nördl.), eingeweiht 1908. **Wildemann** (10 km nordw.) besitzt mit dem 19-Lachter-Stollen ein weiteres Besucherbergwerk (www.19-lachter-stollen.de; Führungen Mai–Okt. tgl. 11.00, 14.00 und 15.30 Uhr). In **Lautenthal** (14 km nordw.) zeigt das Bergbaumuseum Lautenthals Glück, dass unter Tage Erz auch in Kähnen transportiert wurde (Wildemanner Straße 17, www.lautenthals-glueck.de; April. bis Okt. Di.–So. 10.00–17.00, Nov.–März Sa., So. und Fei. 10.00–15.00 Uhr).
**Bad Grund** (11 km westl.) nutzt seine 1992 stillgelegten Erzstollen der Schachtanlage Knesebeck für die Heilstollentherapie; das örtliche Bergbaumuseum ist nur bei Führungen zu besuchen (www.knesebeckschacht.de; Mai bis Okt. Di.–So. 11.00 und 14.00, sonst nur So. 11.00–14.00 Uhr). Rund 1600 Uhren zeigt das Uhrenmuseum (Elisabethstraße 14, www.uhrenmuseum-badgrund.de; Di.–So. 10.00–18.00 Uhr). Das HöhlenErlebnisZentrum erschließt die **Iberger Tropfsteinhöhle** TOPZIEL (www.hoehlenerlebniszentrum.de; Di.–So. 10.00 bis 17.00 Uhr, Juli, Aug., auch Mo.).

**INFORMATION**
Tourist-Information, Bergstraße 31, 38678 Clausthal-Zellerfeld, Tel. 05323 8 10 24, www.oberharz.de

## 5 Osterode am Harz

Die Kreisstadt (22 300 Einw.) liegt landschaftlich schön schon fast im Südharz. Der Kreuzungspunkt zweier Handelsstraßen verhalf der Stadt zu Wohlstand.

**SEHENSWERT**
Einen gemütlichen Rundgang lohnt die **Altstadt.** Die schönsten **Fachwerkhäuser** befinden sich am Kornmarkt. Ein Blickfang ist das mit Schiefer verkleidete **Alte Rathaus** (1388). Um 1640 wurde das **Ritterhaus** erbaut, heute Stadtmuseum (Rollberg 32, www.museum.osterode.de; Di.–Fr. 10.00–13.00 und 14.00 bis 17.00, Sa. und So. 14.00–17.00 Uhr).

**INFORMATION**
Touristinfo Osterode am Harz, Eisensteinstraße 1, 37520 Osterode am Harz, Tel. 05522 31 83 33, www.osterode.de

Genießen Erleben Erfahren

DuMont Aktiv

# Downhill am Bocksberg

Der Harz gehört in Mittel- und Norddeutschland zu den beliebtesten Mountainbike-Revieren. Schließlich lockt hier ein schier unerschöpflicher Reichtum an abwechslungsreichen Pisten. Auf dem 726 Meter hohen Bocksberg, dem Hausberg Hahnenklees, üben Anfänger die ersten Tricks und perfektionieren Könner ihre Fähigkeiten.

Im Bikepark bekommen Anfänger rasch ein Gefühl für die Räder und die hindernisreiche Strecke. Wer möchte, nimmt sich einen Trainer oder bucht einen Kurs. Sobald man sich über die erste Rampe zu hopsen getraut hat, fängt der Spaß erst richtig an. Man lernt, wie man über einen „Kicker" springt, mit einem „Bunny Hop" über Hindernisse hinwegsetzt und, das Allerwichtigste, wie man bremst. Denn um im Gelände schwierige Stellen zu meistern, ist immer auch Tempo nötig. Sonst bringt zögerliche und ängstliche Fahrer jede noch so kleine Wurzel aus der Balance. Geschulte Trainer haben ein Auge auf diese Anfängerfehler und greifen rechtzeitig ein.

Großer Wert wird auf passende Schutzkleidung gelegt: Dazu gehören Handschuhe, Protektoren, Knieschoner und der Integralhelm, am besten mit Nackenschutz. Außerdem, und das werden die Trainer nicht müde zu wiederholen, sollte man das eigene fahrerische Können nicht überschätzen. Denn mit dem Fahrtempo steigt natürlich auch das Risiko.

**Weitere Informationen**

**Bikepark Bocksberg**
Der Bikepark Bocksberg umfasst im Skigebiet des Bocksbergs sieben Abfahrten plus Übungsparcours für Anfänger und Könner (www.erlebnisbocksberg.de, April–Okt. 9.00–18.00 Uhr). Die **Volksbank-arena Harz** vereint 74 ausgeschilderte MTB-Rundrouten mit insgesamt 2200 km Strecke (www.volksbank-arena-harz.de).

**Preise**
Eine Vollausrüstung inkl. Rad kostet pro Tag ca. 60 €; MTB-Touren in den Harz ab 25 €, Kurse auf dem Bocksberg 25–50 €.

*Mit speziellen Transportgondeln werden die Mountainbikes auf den Bocksberg hinaufgebracht – und dann kann der Downhill-Spaß beginnen!*

# Im Harz der größte Brocken

**Heute zählen weite Teile des Hochharzes zum Nationalpark Harz, der mit Wäldern und Mooren Naturfreunde erfreut. Höchster Punkt ist der legendäre Brocken, ein baumfreier Granitgipfel, der für Jahrzehnte Sperrgebiet war. An seiner Südgrenze besitzt der Harz mit dem Kloster Walkenried eines der berühmtesten mittelalterlichen Klöster in Deutschland.**

Von Schierke aus geht es zu Fuß hinauf auf den Brocken.

Viele Besucher vertrauen auf Schusters Rappen, um den Brockengipfel zu erreichen.

Vor dem Brockenhaus ist das Erinnerungsfotomotiv „Brockenuhr" zu finden, 48 bronzene Wegweiser ringförmig um sechs Granitblöcke.

Die kurvigen Straßen rund um den Harzgipfel sind, natürlich, Attraktion für alle jene, die auf zwei Rädern unterwegs sind.

Manch einer kann es kaum erwarten: mit der Brockenbahn hinauf auf den legendären Gipfel.

Auf dem sagenhaften Blocksberg versammeln sich die Hexen – für die Menschen aus dem Harz kann es sich dabei nur um den Brocken handeln.

Der Brocken ist Kult, nicht erst, seit ihn der Dichterfürst Goethe erklomm. Bis heute ist der höchste Berg Norddeutschlands nicht mit dem Auto erreichbar. Trotzdem strömen Tausende Jahr für Jahr hinauf.

1141,2 Meter über NHN misst der Brocken. Das klingt nicht sonderlich beeindruckend, doch weil das Granitmassiv unvermittelt aus der Norddeutschen Tiefebene aufsteigt, wirkt sein baumfreier, weithin sichtbarer Buckel so imposant. Einmal oben, genießt man bei gutem Wetter eine grandiose Aussicht. Weil kein anderer Gipfel die Sicht versperrt, reicht der Blick im optimalen Fall über 100 Kilometer ins Land. Ideale Bedingungen also auch für den Rundfunk. Zu DDR-Zeiten stand hier der leistungsstärkste Sender des Landes, der die Botschaften des Arbeiter- und Bauernstaates über Westdeutschland bis nach Skandinavien streute. Noch heute funkt der weiß-rote Mast Radio- und Fernsehprogramme. Berühmt ist der Berg auch für seine spektakulären Sonnenauf- und -untergänge. Doch auf dieses Schauspiel mussten die Brockenfreunde jahrzehntelang verzichten.

## Ein abgeschotteter Berg

Die Teilung Deutschlands entzog den Brocken seinen Bewunderern rigoros. Auf DDR-Gebiet gelegen, war er 40 Jahre lang militärisches Sperrgebiet. Anfangs noch mit Passierschein zu betreten, verschwand der Berg am 13. August 1961 endgültig hinter dem Eisernen Vorhang. Auch DDR-Bürger durften nicht mehr hinauf. Damit endete der Brockentourismus. Auch als sich die Wiedervereinigten in Berlin längst in den Armen lagen, tat sich auf dem Berg die Grenze noch längst nicht auf. Erst als am 3. Dezember 1989 ein Zug friedlicher, aber unbeirrbarer Wanderer auf den Gipfel zog, fiel auch diese letzte Bastion des Kalten Krieges. Die Natur holt sich seither langsam den „Todesstreifen" zurück. Wo einst Wachsoldaten patrouillierten und auf „Republikflüchtlinge" schossen, verläuft heute ein Grenzwanderweg, das „Grüne Band".

## Wo die Nebel wallen

Seit Menschengedenken machte der Brocken als üble Wetterküche von sich reden. Immerfort neblig soll es da oben sein, scheußlich kalt und stürmisch. Das stimmt, aber glücklicherweise nur zum Teil. Tatsächlich erreicht der Wind dank der exponierten Lage enorme Geschwindigkeiten und jagt den Winterschnee oftmals waagerecht über die baumlose Höhe. Auch Regen fällt überreichlich, im Schnitt 1814 Liter pro Quadratmeter, so viel wie sonst nirgendwo in Nord-

Schlittenhunderennen gehören zu den klassischen Veranstaltungen im Harz – hier bei Clausthal-Zellerfeld.

Ski und Rodel gut: Wenn das Winterwetter stimmt, können sich Harzorte wie Torfhaus über viele Besucher freuen.

Ein beliebtes Winterwanderziel, der Radau-Wasserfall

Mit 306 Nebeltagen gehört das Massiv zu den nebelreichsten Ecken der Republik.

deutschland. Und mit 306 Nebeltagen gehört das Massiv zu den nebelreichsten Ecken der Republik. Doch auch hier muss man relativieren: Unter einem Nebeltag versteht man einen Tag, an dem innerhalb von 24 Stunden die horizontale Sichtweite unter einen Kilometer fällt, nicht einen Tag, an dem rund um die Uhr die Nebel wallen. Und so genießen Wanderer oben keineswegs selten heiter-beschwingte Sonnentage, frei von Regen, Wind und Nebel.

### Immer gipfelwärts

Zahlreiche Wege führen in die Höhe. Als schönster gilt der Heinrich-Heine-Weg ab Ilsenburg durchs romantische Ilsetal. Breitester ist der Neue Goetheweg, der in Torfhaus beginnt. Damit im Winter hier Schneeräumfahrzeuge fahren können, hat man den Weg unterhalb des Brockengipfels zur geschotterten Trasse ausgebaut.

Der bequemste Weg beginnt hingegen in Schierke am Bahnhof. Von dort aus dampft die Brockenbahn seit 1899 dem Gipfel zu. Ihr Pfiff klingt kilometerweit durch den Harz, und die Rauchfahne kündet allenthalben den momentanen Standort an. Aus den Waggons schauen die Ausflügler aufs Fichtengrün, draußen säumen Schaulustige die Trasse, knipsen und filmen die nostalgische Dampflok.

Beim traditionellen „Kuhball" treiben die Brockenhirten ihr Rotes Höhenvieh durch das Harzdorf Tanne; die braune Rinderrasse gehörte einst zum Alltag im Harz und ist heute fast eine Liebhaberei (oben links und unten rechts). Mountainbiken ist im Harz ein echter Wettbewerbssport geworden (oben rechts). Auf dem Glockenberg von St. Andreasberg steht seit Ende des 18. Jahrhunderts das städtische Wahrzeichen, der Glockenturm (unten links).

Herbstliche Harzlandschaft bei Sorge

Special

Brockengarten

# Alpines Grün aus aller Welt

**Ganz oben auf der Brockenkuppe gedeiht ein Stück Tundra. Wo Sturm peitscht und die Temperaturen weit unter den Gefrierpunkt fallen können, gründete 1890 Prof. Albert Peter, Direktor des Botanischen Gartens Göttingen, den Brockengarten.** Die beiden Weltkriege bedeuteten für die mühsam zusammengetragene Sammlung kälteliebender Pflanzen aus aller Welt ein Desaster, denn der Garten verwahrloste völlig. Auch als der Brocken Sperrgebiet war, kümmerte sich niemand um die Anlage. Von rund 1400 Arten überlebten nur die 100, die ohne die schützende Hand des Gärtners auskamen und perfekt ans harte Brockendasein angepasst waren. Erst im letzten Jahr der DDR konnten Naturschützer und Forscher den Garten zu neuem Leben erwecken. Heute dagegen können Besucher im Rahmen von Führungen wieder rund 1500 Arten aus allen Hochgebirgslagen der Welt betrachten, darunter die vom Aussterben bedrohte Brockenanemone (Pulsatilla alba) und das Brockenhabichtskraut (Hieracium nigrescens). Die eher kleine Anlage ist mittlerweile wieder so etabliert, dass sie die Universitäten in Halle und Göttingen auch als Lehrgarten und Versuchseinrichtung nutzen.

Die recht kleine Brockenanemone

### Gelbe Sänger

Wälder und Wiesen rahmen die alte Bergwerksstadt St. Andreasberg ein. Heimelige Holzhäuschen liegen auf einem sonnigen Hochplateau, machen wandernden Großstädtern Lust aufs Landleben. Im Frühling wird das Vieh ausgetrieben, als sei man in den Alpen. In dieser Idylle begann die Geschichte der Harzer Kanarienvögel. Tiroler Bergleute brachten sie ums Jahr 1740 in den Harz. Anfangs dienten die Vögelchen lebenswichtigen Zwecken: In den Erzgruben warnten sie die Kumpel vor dem geruchlosen, aber tödlichen Kohlenmonoxidgas. Vielleicht spendete die Gesellschaft der gelb oder orange gefärbten Federbällchen auch ein wenig Trost im Dunkel der Gruben. Dann traten die Gesangskünste in den Vordergrund, und gerade die St. Andreasberger verzeichneten hervorragende Zuchterfolge, die sich in klingende Münze umsetzen ließen. Für einen perfekt singenden „Harzer Roller" konnte sein Besitzer den Monatslohn eines Bergmanns erzielen.

Die Geschichte der Harzer Kanarienvögel dokumentiert das Kanarienvogelmuseum. Winzige Vogelbauer bedecken hier eine ganze Wand. Versehen mit Futter- und Wasserspendern, sind sie nur 16 Zentimetern hoch. Sie dienten im 19. Jahrhundert als Versandkäfige, in de-

Harzblick bei St. Andreasberg

Die Hanskühnenburg, eine bewirtschaftete Bergbaude mit Aussichtsturm, steht zwischen St. Andreasberg und Osterode auf über 800 Metern Höhe „Auf dem Acker".

Mit Monsterrollern geht es den Wurmberg hinab.

Braunlage hat sich mittlerweile ganz dem Tourismus verschrieben.

Der Bergbau in St. Andreasberg endete zu Beginn des 20. Jahrhunderts – nach etwa vier Jahrhunderten Silberschürfens unter Tage.

nen die Harzer Roller in die ganze Welt verschickt wurden. Einer der Großhändler verkaufte rund 120 000 Tiere nach New York, 5600 gingen nach Südafrika, 3000 nach Australien. In Heimarbeit stellten die Bergmannsfamilien Vogelkäfige her – ein willkommenes Zubrot. Das erforderte kein kompliziertes Gerät und wenig Geschick. Beim Züchten sah das schon anders aus.

Wilhelm Trute, ungekrönter König der Kanarienvogelzüchter und im Brotberuf Bergmann, funktionierte mehrere Räume seines Häuschens für die Zucht um und scheint mit inniger Leidenschaft, gar schon Liebe an seinen „Harzer Edelrollern" gehangen zu haben. Keinem seiner Sänger mutete er die strapaziöse Reise um die Welt zu. Wer einen sein Eigen nennen wollte, musste höchstpersönlich vorstellig werden. Der bescheidene St. Andreasberger starb im Alter von 53 Jahren, geplagt von Rheumatismus, einer einst typischen Bergmannskrankheit. Eine Gedenktafel vor seinem Wohnhaus (Schützenstraße 40) erinnert an ihn.

### Schnee für den Wurmberg

Normalerweise lockt der Winter jede Menge Skifahrer und Rodler in den Harz. Doch in den letzten Jahren zeigten sich die Hänge immer öfter grasgrün und schneefrei und das ausgerechnet in der besucherstärksten Zeit um Weihnachten – 2013 kam der Schnee beispielsweise erst, als alle bereits auf den Frühling warteten. Immer wieder wurden Einbußen im angeblich sechsstelligen Bereich beklagt. Warum also der Natur nicht das Zepter aus der Hand nehmen und selbst für gute Wintersportbedingungen sorgen? In Braunlage mit seinem 980 Meter hohen Wurmberg nahmen erste Pläne Gestalt an. Ein Aufschrei aus den Reihen der Naturschützer war die Antwort, die das Projekt als maßlos und brutal bezeichneten. Denn für die Anlage neuer Pisten und Lifte sollten 16 Hektar Wald geopfert, der Seilbahn-Parkplatz ums Sechsfache vergrößert und ökologisch fragwürdige Schneekanonen samt Wasserreservoirs in großer Zahl errichtet werden. Das Land Sachsen-Anhalt hatte angesichts des Klimawandels bereits vor Jahren von Beschneiungsanlagen im Harz abgeraten. Und: Für künstlichen Schnee während der gesamten Skisaison sei es am Wurmberg unterm Strich sowieso zu warm, zu feucht und zu windig, stellten Experten fest. Zudem gäben ausgelaugte Skihänge im Sommer ein scheußliches Bild ab. Auch für Skifahrer ist Kunstschnee nur zweite Wahl: Die Kristallstruktur ist eine völlig andere als beim Naturprodukt, und das macht sich beim Fahren bemerkbar. Doch alle

Das aus dem 16. Jahrhundert stammende Schloss Herzberg, nach seinen jahrhundertelangen Besitzern auch „Welfenschloss" genannt, gilt wegen seiner Fachwerkbauweise als architektonische Besonderheit (oben links und rechts). Die St. Andreasberger Grube Samson ist heute Museumsbergwerk (unten links). Der gotische Kreuzgang des Klosters Walkenried konnte überdauern (unten rechts).

Gegenargumente blieben fruchtlos. Der Wald fiel, Parkplatz und Kanonen kamen – Vorhang auf für ein Schauspiel mit ungewissem Ausgang.

### Der weiße Konzern

Wohlstand und Glanz verdankt der Harz nicht zuletzt klösterlichen Initiativen, die das Waldgebirge seit dem 7. Jahrhundert umgestalteten. Am Südrand des Mittelgebirges gründeten die Zisterzienser im 12. Jahrhundert die dritte deutsche Niederlassung. Rasch stieg Walkenried zu einer der erfolgreichsten Abteien weit und breit auf. Auf dem Gebiet der Wasserwirtschaft machte den Zisterziensern keiner etwas vor. Die Mönche hatten große Erfahrungen beim Anlegen von Teichen, Gräben, Staumauern und

## Walkenried verdankte seinen Wohlstand zuerst dem Bergbau, später dann Pacht- und Zinseinnahmen.

der Energiegewinnung durch Wasserkraft, ein Wissen, das ihnen beim Bergbau zugutekam. Und noch auf einem anderen Gebiet hatten sie die Nase vorn – in Geldangelegenheiten. Der „weiße Konzern", als welcher Walkenried heute tituliert wird, hat so manche Ähnlichkeit mit modernen Unternehmen. Straff durchorganisiert mit Abt, Prior und Cellerar an der Spitze, besaß er hervorragend ausgebildetes Personal. Die Kombination aus „moderner" Technik, „Knowhow" und Geschäftssinn sorgte dafür, dass Walkenried immer wohlhabender wurde. Zur Besitzlosigkeit verpflichtet, konnten die Mönche ihre Gewinne aus Bergbau und Landwirtschaft konsequent reinvestieren. Doch einen Teil hat man in die eigene Immobilie gesteckt und sich eine Klosteranlage gegönnt, die damals zu den größten der Region zählte.

WALPURGISNACHT

# Ein höllisches Spektakel

*Am 30. April strömen Jahr für Jahr über 100 000 Besucher in den Harz. Rund 40 Städte laden zu Walpurgisfeiern ein und zelebrieren mit Musik, Feuer und Tanz wildes Hexentreiben.*

An der Brockenhexe kommt kein Harzreisender vorbei. In jedem Souvenirshop hängen Hexenpuppen, in Restaurants und Hotels, auf T-Shirts, Aufklebern und in Prospekten taucht sie auf. Die Hexe ist Markenzeichen des Harzes und ihre größte Feier die Walpurgisnacht.

„Das drängt und stößt, das rutscht und klappert! Das zischt und quirlt, das zieht und plappert! Das leuchtet, sprüht und stinkt und brennt! Ein wahres Hexenelement!" Goethe hat mit seiner 1808 veröffentlichten Beschreibung der Walpurgisnacht im „Faust" eine Steilvorlage geliefert. Die größte Open-Air-Party steigt in Thale. Mit Lasershow, Livemusik, Feuerwerk und wildem Hexentanz feiert man auf dem „Hexentanzplatz" in den Mai hinein. „Heute Nacht wird das Laster groß geschrieben und ihr werdet gesteuert von euren Trieben ...", heizt die Band dem Publikum ein. Schon Wochen vorher ertönt die Werbetrommel. Mobiltoiletten, Hexenschmaus und Höllentrank in ausreichender Menge werden auf den Fels gekarrt, Shuttlebus und Kombitickets sorgen für pünktliches Erscheinen. Walpurgisnacht bedeutet auch Maskenball. Wer auf sich hält, verkleidet sich schrill und bunt als Hexe oder Höllengeschöpf. Das weitere Geschehen treibt oft unerwünschte Blüten. Kritiker monieren die Alkoholströme und dass an sexistischen Elementen kein Mangel herrsche.

Raffinierte Verkleidungen und mit großem Aufwand gestaltetes Hexen-Make-up garantieren viel Spaß und Aufmerksamkeit.

Aufwändige Licht- und Lasereffekte – Thales Walpurgisnacht ist auch technisch absolut aktuell.

## Uralte Kulte?

„Die Hexen zu dem Brocken ziehn", so Goethe im „Faust I". Schierke genießt dank der Nähe zum Hexenberg einen enormen Standortvorteil. Gerne beruft man sich auf uralte Traditionen und Kulte. Zu Recht? Berge vom Schlag des Brockens, auffällig schon durch ihre Gestalt, dienten in Vorzeiten oft als Kultstätten. Allerdings entdeckten Archäologen auf dem Brockengipfel nichts, was auch nur im Mindesten auf frühe Kulte hindeutet. Bis ins 16. Jahrhundert war der Berg jedoch von einer undurchdringlichen Wildnis umgeben. Keiner wusste wirklich, was sich auf dem oft von Wolken verhüllten Gipfel tat – ein idealer Nährboden für Schauergeschichten. Schon im 15. Jahrhundert galt der Brocken als Hexenberg. Im Zeitalter der Hexenverfolgung tauchte er immer wieder in den Folterakten auf. Eine verdächtigte Frau aus Elbingerode sagte im Jahr 1540 aus, Zauberer würden zur „Walpurgen nacht auf den Brocken zu fahren". Mit Goethe und Heinrich Heine fand er seinen festen Platz in der (Reise-)Literatur. Um 1900 war es dann soweit: Das Brockenhotel veranstaltete auf dem Gipfel die ersten Walpurgisfeiern. Sonderzüge brachten die feierlaunigen Gäste nach oben.

Thales „Hexentanzplatz" ist dagegen eine späte Erscheinung. Erst seit dem 19. Jahrhundert im Bewusstsein von Einheimischen und Besuchern, hat er allerdings einen unstrittigen Vorteil: Bodenfunde legen nahe, dass es hier tatsächlich eine frühe Kultstätte gab – willkommener Nährstoff für die bunten, fröhlichen Walpurgisfeiern von heute.

LANGELSHEIM
VIENENBURG
GOSLAR
BAD HARZBURG
ILSENBURG (Harz)
WERNIGERODE
Nordharz
ZELLERFELD (Bergstadt)
ALTENAU
CLAUSTHAL-
Brocken
Nationalpark Harz
Naturpark Harz
BRAUNLAGE
SANKT ANDREASBERG
OBERHARZ am Brocken
ELBINGERODE
HERZBERG am Harz
BAD LAUTERBERG im Harz
Wieda
Zorge
BAD SACHSA
ELLRICH
Walkenried
Rhumspringe
Hohenstein
NORDHAUSEN
Harztor
Sonnenstein
Deutsche Fachwerkstraße
Erlebnisstr. der deutschen Einheit
Straße der Romanik
Deutsche Alleenstraße
Oderstausee
Maßstab 1:200.000
0 2 4km
1
2
3
4
5

# Vom Brocken bis nach Walkenried

*Hochburg des Harztourismus ist die Region um den Brocken; sein Besuch ist fast verpflichtend. Im Sommer wie im Winter fehlt es hier nicht an Sport- und Erholungsmöglichkeiten.*

## 1 Altenau

Altenau (1800 Einw.) im oberen Okertal gehört zu den sieben alten Bergwerkstädten im Oberharz. 1911 schloss die letzte Silberhütte. 2007 eröffnete ein neues Thermalbad.

### SEHENSWERT

Kurz vor dem Ortseingang liegt entlang der Oker ein großer **Kräuterpark;** diverse Heil- und Zierkräuter werden angebaut und allerlei Kräuterhaltiges verkauft (Schultal 11, www.kraeuterpark-altenau.de; tgl. 10.00–17.00 Uhr). 4,5 km südw. der Ortsmitte ragt an der B 242/Kreuzung B 498 der **Sperberhaier Damm** auf. 1732–1827 erbaut, ist dieses Aquädukt mit rund 28 km Länge der wichtigste Graben der Oberharzer Wasserwirtschaft. Parkmöglichkeiten zu beiden Seiten des 23 m hohen Walls.

### AKTIVITÄTEN

Erholung verspricht die **Kristalltherme „Heißer Brocken"** (Karl-Reinecke-Weg 35, www.kristalltherme-altenau.de; So.–Do. 9.00–22.00, Fr. und Sa. 9.00–23.00 Uhr).

### UMGEBUNG

An sonnigen Wochenenden platzt der Knotenpunkt **Torfhaus** (9 km östl.) aus allen Nähten. Dann donnern Biker, Camper und Automobilisten über die Bundesstraße 4 und treffen sich am Großparkplatz Torfhaus. Dort befindet sich das Nationalpark-Besucherzentrum mit der Tourist-Information (www.torfhaus.info; April bis Okt. tgl. 9.00–17.00, sonst Di.–So. 10.00 bis 16.00 Uhr), und diverse Routen auf den Brocken haben hier ihren Ausgangspunkt, u. a. der Goetheweg. Sehenswert ist das **Große Torfhausmoor** (s. auch S. 74), das auf einem Bohlenweg bequem und gefahrlos betreten werden kann (ca. 20 Min. via Goetheweg).

### INFORMATION

Tourist-Information, Hüttenstraße 9, 38707 Altenau, Tel. 05328 80 20, www.altenau.de

## 2 Brocken

Mit 1141,2 m ü. NHN ist der **Brocken** TOPZIEL, der höchste Gipfel im Harz und höchster Berg in Norddeutschland. Obwohl nur zu Fuß, per Rad oder mit der Brockenbahn erreichbar, lässt sich kaum ein Harzbesucher das baumlose, windgepeitschte Plateau entgehen.

### SEHENSWERT

Auf dem Gipfel befindet sich die **Brockenuhr,** ein Granitfels mit Tafel, ideal für Erinnerungsfotos.
Eine umfangreiche Ausstellung zur Natur des Brockens erwartet die Besucher im **Brockenhaus,** einst Abhörstandort der Stasi (www.nationalpark-brockenhaus.de; tgl. 9.30–17.00 Uhr). Seit 1890 dient der **Brockengarten** als Schausammlung alpiner Pflanzen (Führungen Mitte Mai– Mitte Okt. Mo.–Fr. 11.30 und 14.00 Uhr; s. auch S. 53).

### ANREISE

Die **Brockenbahn,** Teil der Harzer Schmalspurbahnen, verkehrt ganzjährig ab Drei Annen Hohne und Schierke (Fahrplanauskunft Tel. 03943 55 80, www.hsb-wr.de).
Zahlreiche Rad- und Wanderwege führen auf den Brocken, darunter der 8 km lange, leicht begehbare **Goetheweg;** er verläuft von Torfhaus über das Torfhausmoor, den Quetschenberg, die ehem. deutsch-deutsche Grenze und entlang der Bahntrasse hinauf aufs Brockenplateau. Gute Kondition erfordert der 15 km lange **Heinrich-Heine Weg,** der in Ilsenburg beginnt und am Flüsschen Ilse entlangführt. Vom Großparkplatz **Schierke** schafft man es in gut zwei Std. auf den Berg der Berge.

### HOTELS UND RESTAURANTS

Diverse Sendeantennen krönen den umgebauten Fernsehturm von 1938, der heute als **€ € € € Brockenhotel** dient – ideal, um fast allein die Abendstimmung auf dem Brocken zu genießen. Preisgünstig übernachtet man in den Sechsbettzimmern der zum Hotel gehörenden € Brockenherberge. Essen und Trinken für jedermann bieten das Selbstbedienungsrestaurant im Erdgeschoss und das **Café Hexenklause** im 7. Stock (38879 Schierke, Tel. 03945 51 20, www. brockenhotel.de).
Am **€ € € Hotel Kräuterhof** am Bahnhof von Drei Annen Hohne haben Wanderwege und Loipen ihren Ausgangspunkt (38875 Drei Annen Hohne, Tel. 03945 58 40, www.hotel-kraeuter hof.de).

*Technik wie früher: Erlebnis Brockenbahn*

### AKTIVITÄT

Die 400 m lange Rodelbahn **Brocken Coaster** hat ganzjährig geöffnet (Hagenstraße 6, www.brocken-coaster.de; Mo.–Fr. ab 13.00, Sa., So. ab 11.00 Uhr).

### VERANSTALTUNG

An **Walpurgis** (30. April) wird eines der größten Feste im Harz gefeiert (s. auch S. 58).

### UMGEBUNG

Zahlreiche Villen und Hotels aus dem 19. und 20. Jh. prägen das Ortsbild von **Schierke.** Kein anderer Ort liegt so dicht am Berg der Berge im Harz. Der örtliche Apotheker Drube erfand 1924 den „Schierker Feuerstein", einen im ganzen Harz erhältlichen Kräuterlikör.
Mehrere interessante Felsformationen befinden sich rund um Schierke: Hinter dem Bahnhof erheben sich die Feuersteinklippen, Richtung Kurort Elend die Schnarcherklippen und nördl. der Ahrensklint. Sie alle zeigen die typische „Wollsackverwitterung", wobei sich die Gesteinskanten und -ecken abrunden und die Felsen ein kissenförmiges Aussehen annehmen.

### INFORMATION

Tourist-Information, Brockenstraße 10, 38879 Schierke, Tel. 03945 5 86 80, www.schierke-am-brocken.de

## 3 Braunlage

Das Städtchen (6100 Einw.) ist ganz auf den Tourismus ausgelegt. Das zeigen die Andenkenläden, Sportgeschäfte und Lokale in der Ortsmitte. Einst waren eine Eisenhütte und Holzindustrie die Erwerbsquellen.

### SEHENSWERT

In der Herzog-Wilhelm- und der Pfarrstraße sind noch holzverkleidete **Fachwerkhäuser** erhalten. Um den Weißen Sport dreht sich alles im **Heimat- und FIS-Skimuseum** (Dr.-Kurt-Schroeder-Promenade 4, www.museum-braunlage.de; Mitte Dez.–Okt. Di. und Fr. 10.00–12.00 Uhr).

### AKTIVITÄTEN

Der Wurmberg, mit 971 m höchster Berg Niedersachsens, gehört im Sommer den **Wanderern,** im Winter sausen hier die **Skifahrer und Rodler** zu Tal. Aufwärts geht es mit der Wurmberg-Seilbahn (Betrieb ganzjährig, www.wurmberg-seilbahn.de). Eine besondere Attraktion sind die Monsterroller (www.monsterroller.de; Verleih an der Talstation Großparkplatz).

Tipp

### Zwitschernde Gesellen

Vögel in Käfigen sind ganz bestimmt nicht jedermanns Sache, dennoch lohnt der Besuch des Kanarienvogelmuseums in Clausthal-Zellerfeld. In zehn Räumen wird hier die Geschichte der Kanarienvogelzucht geschildert und ihre Bedeutung für die Menschen im Harz. Von winzigen Transportkäfigen für die Reise nach Übersee bis zum Edel-Käfig in Palastform werden hier allerhand Vogelbehältnisse gezeigt. Das lebende Objekt darf natürlich auch bestaunt werden: In einer riesigen Voliere tirilieren die knallgelben Kanaris munter im Chor.

**INFORMATION**

Auf dem Gelände der Grube Samson in St. Andreasberg; www.kanarienvogel-museum.de; Führungen tgl. 9.00–12.30 und 13.00–16.00, So. 10.30–12.30 und 14.00–16.00 Uhr

*Beim Finkenmanöver in Benneckenstein (oben und rechts oben). Romantische Ruine: die Kirche des Klosters Walkenried (rechts)*

### HOTEL UND RESTAURANT

Eines der besten Hotels der Region ist das **€ € € Hotel Zur Tanne**; im angeschlossenen Restaurant speist es sich vorzüglich (Herzog-Wilhelm-Straße 8, 38700 Braunlage Tel. 05520 9 31 20, www.tanne-braunlage.de; Restaurant Mo. Ruhetag).

### UMGEBUNG

Der Ortsteil **Hohegeiß** besitzt ausgedehnte Bergwiesen, die am schönsten im Mai und Juni blühen.

Zwischen Braunlage und **Sorge** (9 km östl.) lag einst die innerdeutsche Grenze, heute als „Grünes Band" im Gelände sichtbar und an vielen Stellen mit Informationen versehen. Westl. von Sorge führt ein Informationsweg zu diversen Grenzanlagen, darunter Grenzzaun und -turm, Gewässersperre und Erdbunker. Ziel ist der 1993 errichtete „Ring der Erinnerung" des Landschaftskünstlers Hermann Prigann. Dieser markiert den ehem. Todesstreifen (Anfahrt auf www.grenzmuseum-sorge.de).

In **Benneckenstein** (13 km südöstl.) findet Pfingstmontag das Finkenmanöver statt; dann zeigt sich, welcher Buchfink am besten singt (Waldschlösschen oberhalb Sprungschanze). Besonders sticht hier die 1852 erbaute Laurentius-Kirche ins Auge, komplett mit Schiefer verkleidet.

**Elend** (6 km östl.) besitzt die kleinste Holzkirche Deutschlands.

### INFORMATION

Braunlage Tourismus GmbH, Elbingeröder Straße 17, 38700 Braunlage, Tel. 05520 9 30 70, www.braunlage.de

## 4 St. Andreasberg

1489 gründeten Bergmänner aus dem Erzgebirge die kleine Ansiedlung (heute 1800 Einw.) auf der Suche nach Silber. Typisch sind die steilen, von hübschen Holzhäusern flankierten Straßen.

### SEHENSWERT

Von der Unterstadt zieht sich eine steile Stichstraße zur **Kirche** (1811) hinauf.

Einblicke in die örtliche Bergbaugeschichte gibt das **Schaubergwerk Grube Samson** (www.kanarienvogel-museum.de; Führungen tgl. 11.00 und 14.30 Uhr). Weitere Bergbaumuseen sind die **Grube Catharina** Neufang (Führungen Mo.–Fr. 13.45 Uhr) und das Lehrbergwerk **Grube Roter Bär** (Roter Bär 1, www.lehrbergwerk.de; Führungen April–Okt. Sa. 14.00 Uhr).

### AKTIVITÄTEN

Hoch hinaus geht es im **Hochseilgarten** der Bergsport Arena am Kurpark (www.harz-hochseilgarten.de; Mitte April–Okt. Sa. und So. 11.00–17.00 Uhr).

Zwischen St. Andreasberg und Altenau passiert der **Harzer Hexenstieg** (www.hexenstieg.de; Osterode–Thale, 97 km) mehrere Sehenswürdigkeiten: den Rehberger Graben, einst Zulauf der Oberharzer Wasserwirtschaft, den Goetheplatz, an dem Goethe eine interessante geologische Formation bestaunte; die „Schwimmenden Granite", wo mächtige Granitblöcke in Sand zu schwimmen scheinen; den Oderteich, ebenfalls ein künstlich angelegter Bergbausee, und schließlich hinter Torfhaus den sehr schönen Magdeburger Weg.

### RESTAURANTS

Autofrei, mit großem Biergarten und Harzer Küche liegt das **€ € Rehberger Grabenhaus** am Wanderweg von St. Andreasberg zum Oderteich; im Winter Wildtierfütterung, Teilnahme nur nach Voranmeldung (Tel. 05582 7 89, St. Andreasberg, www.rehberger-grabenhaus.de; Di.–So. 9.00–18.00 Uhr, im Winter kürzer).

Autofrei und auf einer herrlichen Waldlichtung im Odertal liegt die **€ Waldgaststätte Rinderstall**. Einst Sommerweide für Rinder, erhalten Gäste hier heute Harzer Küche und frisch gebackenen Kuchen (Tel. 05582 7 40, St. Andreasberg, Wanderwege unter www.gaststaette-rinderstall.de; tgl. 10.30–17.30 Uhr, Mi. Ruhetag).

### INFORMATION

Tourist-Information, Am Kurpark 9,
37444 St. Andreasberg, Tel. 05582 8 03 36,
www.sankt-andreasberg.de

## 5 Bad Lauterberg

Ganz in der Nähe des Odertal-Stausees liegt die alte Bergbaustadt Bad Lauterberg (10 700 Einw.). 1839 wurde hier eine „Kaltwasserheilanstalt" gegründet, Auftakt für die zweite Karriere des Ortes als Kneippkurort.

### MUSEEN

Wie sich Bad Lauterberg von der Bergbaustadt zum Badeort entwickelte, zeigt das **Heimatmuseum** (Ritscherstraße 13; Fr. 15.00–17.00, Sa. 10.00–12.00 und 15.00–17.00, So. 10.00 bis 12.00 Uhr). Grundlagen der Eisenverhüttung und Einblicke in den Bergbau bietet das **Südharzer Eisenhüttenmuseum Königshütte** (www.koenigshuette.com; Führungen Mai bis Sept. Di. 15.00 Uhr, sonst 2. und 4. Di. im Monat 15.00 Uhr). Ganz in der Nähe des Kurparks kann im **Besucherbergwerk Scholmzeche-Aufrichtigkeit** der Stollen besichtigt werden (Führungen April–Okt. Di., Fr. und Sa. 15.00, sonst nur Fr. und Sa. 15.00 Uhr).

### UMGEBUNG

1931–1933 wurde zum Schutz vor Hochwasser der **Oderstausee** (4 km nordöstl.) angelegt, sommerlicher Anziehungspunkt für Segler, Surfer, Angler und Badefreunde.
In **Bad Sachsa** (12 km östl.) steigen im Harzfalkenhof abgerichtete Greifvögel auf (Katzenstein 1, www.harzfalkenhof.npage.de; April bis Okt. tgl. 10.00–17.00, Vorführungen 11.00 und 15.00 Uhr). Das 1129 gegründete **Zisterzienserkloster Walkenried** TOPZIEL (18 km östl.) gehört mit der Oberharzer Wasserwirtschaft seit 2010 zum UNESCO-Welterbe. Die Klosterkirche wurde 1296 gotisch neu errichtet. Anfang des 15. Jh.s. setzte der Niedergang des Ordens ein, im 17. und 18. Jh. wurde die Kirche als Steinbruch genutzt und fast ganz abgetragen. Geblieben ist die gotische Klausur mit zweischiffigem Kreuzgang, heute Veranstaltungsort für Lesungen und Konzerte. Das ZisterzienserMuseum präsentiert die Geschichte des Ordens (www.kloster-walkenried.de; Di.–So. und Fei. 10.00–17.00, Führungen April–Okt. Di.–So. und Fei. 11.30 und 14.00 Uhr, sonst nur Sa., So. und Fei.).
In **Herzberg** am Harz (11 km westl.) informiert das Museum im Welfenschloss über Ortsgeschichte, Bergbau und Forstwirtschaft (www.museum-schloss-herzberg.de, April–Okt. Mi. bis So. 10.00–16.00, Nov.–März ab 11.00 Uhr). Die prachtvolle **Einhornhöhle** in Herzfeld-Scharzfeld kann nur im Rahmen einer Führung besichtigt werden (www.einhornhoehle.de; April–Okt. Di.–So. 11.00–17.00 Uhr).

### INFORMATION

Tourist-Information, Ritscherstraße 4,
37431 Bad Lauterberg im Harz,
Tel. 05524 9 20 40, www.badlauterberg.de

Genießen Erleben Erfahren

DuMont Aktiv

# Dorado für Klettermaxe

**Geologen lacht das Herz** im Harz, so vielfältig sind die Gesteine, die in diesem Mittelgebirge anstehen. Wer gern klettert, kann in mehreren Regionen das Harzer Gestein hautnah erleben. Erfahrene Guides nehmen Neulinge unter die Fittiche und trainieren an den Granitfelsen im Okertal.

**Hornfels, Kieselschiefer** und vor allem der bei Kletterern so beliebte Granit türmen sich im Okertal zu bis zu 50 m hohen Felswänden auf. Die Grate bieten sämtliche Schwierigkeitsgrade. Bevorzugte Kletterfelsen sind die Marienwand und die Adlerklippen, von Goslar aus bequem anzufahren, und die nur zu Fuß erreichbaren Treppenstein- und Kästeklippen.

**Wer die Geheimnisse** des Felsenkletterns ergründen will, ohne Leib und Leben zu riskieren, bucht am besten einen Kletterkurs bei einem erfahrenen Trainer. Stück für Stück wird den Eleven beigebracht, wie man die Kletterausrüstung anlegt, einen Haken so einschlägt, dass er hält, sichere Knoten knüpft und den Partner bestmöglich abseilt. „Klettern kann Freude für das ganze Leben sein", lautet das treffende Motto von DAV-Trainer und Sportkletterer Wolfgang Brandt – einer der vielen Anbieter von Outdoor-Kletterkursen im Harz.

#### Weitere Informationen

**Anbieter (Auswahl)**
Bildungsakademie Landessportbund Hessen, 60528 Frankfurt/M., Tel. 069 6 78 92 20, www.sport-erlebnisse.de
Huby Eimbeck, Im Wiesengrund 6, 38700 Braunlage, Tel. 05520 80 48 19 www.harz-vital.de
Wolfgang Brandt, Humboldtweg 3, 38855 Wernigerode, Tel. 03943 25 09 84, www.harz-aktiv-klettern.de

**Vogelschutz**
Diverse Felsen sind aus Vogelschutzgründen während der Brutzeit bis zum 31. Juli gesperrt.

*Klettern lernen macht mehr Spaß in der Gemeinschaft – und unvergleichlich ist dann schließlich das Gipfelerlebnis, wenn der erste Fels einmal geschafft ist.*

# Im bunten nördlichen Harzvorland

**Sanfte Hügel und weite fruchtbare Felder kennzeichnen die Landschaft, die sich nördlich des Harzgebirges ausbreitet. Unübersehbar ragen die Kirchtürme von Halberstadt übers Land. Wernigerode, die „bunte Stadt am Harz“, zählt zu den beliebtesten Zielen dieser Region.**

Ende des 19. Jahrhunderts erhielt Wernigerodes Schloss sein historistisches Gepräge.

Am Marktplatz stehen die beiden Wahrzeichen von
Wernigerode: Rathaus und Marktbrunnen.

Fachwerkpracht in Wernigerodes Breiter Straße mit Blick auf den Marktplatz

Auch architektonisch interessant: „Café Wien" in der Breiten Straße

Special

Harzer Schmalspurbahn

## Mächtig unter Dampf

**Rund 140 Kilometer Schienen durchziehen die gesamte Region. 1887 eröffnete zwischen Gernrode und Mägdesprung das erste Teilstück. Bis heute gehören die Lokomotiven der Harzer Schmalspurbahn, die pfeifend ihr Kommen ankündigen, zu den Touristenlieblingen im Harz.** Die meisten Züge der Harzer Schmalspurbahn sind noch mit Dampfloks bespannt. Mit gemütlichen 40 Stundenkilometern Spitze überqueren sie das Gebirge zwischen Nordhausen und Wernigerode als Harzquerbahn und zwischen Eisfelder Talmühle und Quedlinburg als Selketalbahn. In Drei Annen Hohne zweigt die Brockenbahn ab und nimmt Passagiere auf, die via Schierke auf den Brocken fahren wollen. An schönen Tagen sind die Züge brechend voll und geben für 1,1 Millionen Fahrgäste pro Jahr auch auf den steilen Strecken ihr Bestes. Das geht auf Maschine und Material. Regelmäßig muss alles Rollende daher ins Bahnbetriebswerk Wernigerode, wo es Spezialisten in Schuss halten. Die Werkstattmeister müssen technisch versiert sein, um vom Methusalem unter den Dampfloks aus dem Jahr 1897 bis zur 100 Jahre jüngeren Diesellok alle Triebwagen warten zu können. Dazu gehört beispielsweise Abölen, Schlacken entfernen, Kessel und Rauchkammer reinigen. Wer möchte, kann einen Blick in diese Dampflokomotivwerkstatt werfen.

Dampfloks faszinieren auch heute noch.

Das nördliche Harzvorland profitiert vom Brocken zweifach: Touristen wählen die schönen Städte am Harzrand gern als Ausgangspunkt ihrer Harzreise. Und die Höhen schirmen gegen den Regen ab, der überwiegend aus Südwesten kommt. So verzeichnet Wernigerode deutlich weniger Niederschläge als Orte in vergleichbaren Klimazonen, und Fönwetterlagen treiben die Temperaturen hoch.

„Bunte Stadt am Harz" hatte Hermann Löns Wernigerode einst genannt. Noch immer sticht die Fülle an Fachwerkhäusern ins Auge, viel Geld ist in Restaurierung und üppig-muntere Farbanstriche geflossen. Die Stadt, seit den Anfängen des Harztourismus immer ganz vorne dabei, gehört nach wie vor zu den beliebtesten Zielen. Zahlreiche Besucher lassen sich durch die Gassen treiben, fotografieren das Fachwerk, bestaunen hölzerne Heilige, Gaukler und Handwerker, die Hausfassaden beleben. Rund um das historische Rathaus ist der Auftrieb am dichtesten. An den Marktständen werden Blumenkohl, Möhren und Kartoffeln angeboten, auch Wurst, Käse und Blumen. Plötzlich fallen erste dicke Tropfen, Schirme werden aufgespannt. Die Warteschlange am Fischimbiss löst sich schlagartig auf, als ein Wolkenbruch niedergeht und zahllose

Einst erhob sich auf dem Ilsestein eine Ritterburg. Heute ist der Granitfelsen ein Wanderziel von Ilsenburg aus.

Vom Kloster Ilsenburg blieben hochinteressante Räumlichkeiten wie das Kalfaktorium erhalten.

Östlich von Ilsenburg liegt Kloster Drübeck rund um die bereits im 10. Jahrhundert errichtete romanische Kirche.

Touristen in die nächstbesten Geschäfte treibt. Auch das „Café Wiecker" füllt sich im Nu. Während draußen dunkle Wolken dräuen, hasten drinnen flinke Bedienungen von Tisch zu Tisch, nicken und notieren, tragen schwer beladene Tabletts auf und wieder ab. Die einen nehmen ein spätes Frühstück, andere ordern ein frühes Mittagessen oder haben die großartige Tortenauswahl entdeckt. Kaum glitzert der erste Sonnenstrahl auf dem nassen Kopfsteinpflaster, winkt die Wetter-Notgemeinschaft ungeduldig zum Zahlen und setzt den Stadtbesuch fort, während sich die Stammgäste zurücklehnen und wieder in Ruhe ihrer Zeitungslektüre zuwenden.

## Die schöne Ilse

An Sagen, Märchen und Legenden herrscht im Harz kein Mangel. Berge, Grotten, Felszinnen, versteckte Wasserfälle und undurchdringliche Wälder bilden den besten Nährboden für ihr Entstehen. Wo Bergmänner tief ins Gebein der Erde vordringen und Köhler wochenlang allein im Wald hausen, haben Zwerge und Weiße Frauen, verzauberte Hirsche, Wassergeister, Räuber und verwunschene Seelen leichtes Spiel. Andere mythische Geschichten wurzeln in der Geschichte des Harzes als Kernland des deutschen Kaisertums. Sagenstoff lieferten beispielsweise Barbarossa und Heinrich der Vogler.

Auch um markante Naturschönheiten entspannen sich Erzählungen. Auf dem Ilsestein beispielsweise erhob sich einst eine mächtige Burg, Wohnsitz eines Riesen mit einer schönen Tochter. Diese hatte ihr Herz sehr zum väterlichen Missfallen an den Ritter verloren, der nahebei auf dem Westerberg lebte. Um die Liebenden zu trennen, schlug der Riese die Felsen entzwei, wodurch das Ilsetal entstand. Ilse, außer sich vor Schmerz, stürzte sich in die Fluten. Ihre ruhelose Seele zeigt sich manchmal am Ufer in Gestalt einer Weißen Frau, und wenn ihr ein Bursche gefällt, nimmt sie ihn mit in ihr Kristallschloss im Berg. „In meinen weißen Armen, an meiner weißen

Seinen Ursprung hat der Halberstädter Dom im 13. Jahrhundert (oben links und unten rechts), in dessen Schatten der Domschatz zu finden ist (oben rechts). Nur wenige Altstadtstraßen wie der Rosenwinkel überstanden die verheerenden Bombardements Ende des Zweiten Weltkriegs und die anschließenden Zeiten des Verfalls (unten links).

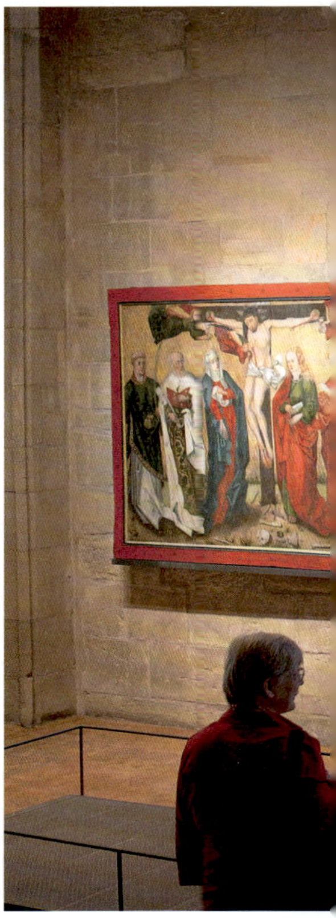

Brust, da sollst du liegen und träumen", legt Heinrich Heine ihr in den Mund. Schwärmend verklärt er den Fluss in seiner „Harzreise". Natürlich erkletterte Heine auch den Ilsestein und genoss die Aussicht. Aus den Buchenwäldern zu Füßen des Felsens rauscht der Fluss herauf, in der Ferne zeigt sich der Brocken, Richtung Süden Ilsenburg und die Anfänge der Norddeutschen Tiefebene.

**Kultivierung der Leere**

Am 8. April 1945, vier Wochen vor der Kapitulation Deutschlands, machte ein alliierter Bomberverband über 80 Prozent Halberstadts dem Erdboden gleich. Nach dem Krieg ersetzten Plattenbauten die Bürgerhäuser, und was dem „Rothenburg

Von einst 1600 prächtigen Fachwerkbauten blieb dem „Rothenburg des Nordens" nur etwa ein Viertel.

des Nordens" an Fachwerk geblieben war, verfiel. „Größter innerstädtischer Parkplatz der DDR", spottete die Bevölkerung, in den nach der Wende viele Millionen Euro flossen. Die Stadterneuerung machte aus einer der hässlichsten Städte der DDR ein Laboratorium der Stadtentwicklung. Denn wie viele andere ostdeutsche Städte kämpft auch Halberstadt mit sinkenden Bevölkerungszahlen. Um das zu illustrieren, herrscht im Herzen der Stadt zwischen Dom und Liebfrauenkirche – bewusst freigehaltene – Leere, über die der Wind Staubfahnen treibt. Ein paar Touristen halten irritiert inne, studieren die Informationstafel, die Halberstadts Leere zur Tugend erhebt. Doch der Leere wegen sind sie nicht aus München, Hamburg oder sonstwoher gekommen, und schon setzen sie ihren Weg zum berühmten Domschatz fort.

Der Regenstein bei Blankenburg zeigt nur noch Reste von Burg und Festung (oben).
Kloster Michaelstein öffnet Besuchern gern seine Gärten (unten).

Blankenburgs Kleines Schloss wurde nach seiner
Renovierung in ein Museum umgewandelt.

Legenden ranken sich um die bizarren Sandsteinfelsen der Teufelsmauer, die sich vom östlichen Ortsrand Blankenburgs über Timmenrode bis nach Weddersleben hinzieht.

**Antlitz der Engel**

Halberstadts Domschatz ist in einem Anbau am Dom angemessen in Szene gesetzt. Flüsternd stehen die Besucher vor den beiden ältesten Bildteppichen Europas, schreiten im Halbdunkel die Figuren ab, deren sanfte Augen Jahrhunderte überblicken. Vorbei an wundervoll bearbeiteten Bergkristallflakons, über und über mit Gold, Elfenbein und Edelsteinen verzierten Evangeliaren und fein ziseliertem liturgischen Gerät gelangt man zum Tafelreliquiar, einer Art kostbar verziertem Schatzkästchen, dessen Bergkristall-Fensterlein den Blick auf einen rohen Holzsplitter freigibt, verehrt als Teil des Kreuzes Christi. Die Fülle an Kostbarkeiten wirft ein Licht sowohl auf den riesigen Reichtum der Kirche als auch auf die tiefe Frömmigkeit der Menschen des Mittelalters, die gewaltige Kathedralen und übervolle Kirchenschatzkammern ermöglichten.

**So langsam wie möglich**

Eines der kuriosesten Musikerlebnisse der Welt bietet der Besuch der Halberstädter Buchardikirche, Aufführungsort des Werks „Organ²/ASLSP". Seit dem ersten Ton am 5. September 2001 wird es noch 639 Jahre dauern, bis der letzte Ton verklungen ist, denn, so der Komponist John Cage, zu spielen sei es „as slow as possible", so langsam wie möglich. Ein gleichmäßiger Klang aus mehreren Tönen durchzieht den Raum, erzeugt einen wummernden, flirrenden Sound, je nachdem, an welcher Stelle man lauscht. Unter den Zuhörern wird viel diskutiert, das Projekt wirft Fragen über Fragen auf. Wie lang dauert ein unendlich langes Musikstück? Und ist das überhaupt noch Musik oder einfach nur verrückt? Was auch immer ASLSP sein mag, ein Aushängeschild für die Stadt ist es in jedem Fall. Jeder neu hinzukommende Ton gerät zum medienwirksamen Ereignis. Allerdings ist hierbei eine ganze Menge Geduld gefragt: Erst am 5. September 2020 wird wieder eine neue Note angeschlagen.

NATIONALPARK HARZ

# Schätze im Moor

*Der Nationalpark Harz zieht sich weit über die Brockenregion hinaus nach Norden und Süden und ist ein wichtiges Refugium für seltene Pflanzen und Tiere. Zu seinen wertvollsten Zonen zählen die Moore.*

Bohlenwege machen den Zugang sicher und lassen die Füße trocken bleiben – hier im Großen Torfhausmoor.

Neblige Schauplätze in Krimis, Aufenthaltsort böser Geister und ruheloser Seelen: Moore haben keinen guten Ruf. Ein Moor wirkt wie eine riesige Grasfläche, entpuppt sich aber schnell als trügerische Scheinwelt, halb Wasser, halb Land. Dem federnden, schmatzenden Boden traut man instinktiv nicht. Zu Recht. Unsichtbar verbergen sich tiefe Wasserlöcher, die einen Wanderer zwar nicht filmreif versinken lassen, aber doch in ungemütliche Situationen bringen können. Mit Bohlenwegen und Aussichtstürmen werden im Nationalpark Harz einige dieser faszinierenden Naturschönheiten sicher zugänglich gemacht.

Moore entstehen, wenn ein Gebiet dauerhaft durchfeuchtet wird und abgestorbene Pflanzenteile sich wegen Sauerstoffmangels nicht mehr zersetzen können. Wichtigster Baustein sind die grüngelblichen Torfmoose, deren abgestorbene Teile die Torfschicht bilden. Diese wächst pro Jahr im Durchschnitt gerade mal einen Millimeter. Eines der größten und ältesten Harzmoore, das Große Torfhausmoor, ist über 10 000 Jahre alt. Seine Torfdecke erreicht mittlerweile rund sechs Meter Dicke.

Wie gigantische Schwämme saugen Moore Niederschlagswasser auf. Auf ihren extrem kargen und sauren Böden gedeihen nur angepasste Spezialisten wie der rötliche Sonnentau. Er wächst zwar direkt neben den Bohlenwegen, wird aber gern übersehen, weil er so winzig ist. An den fingernagelgroßen Blättern sitzen klebrige Tentakel, mit denen der Sonnentau

**Ein Moor ist eine trügerische Scheinwelt, halb Wasser, halb Land.**

Am Südwestufer des Oderteichs breitet sich noch eines der Harzer Hochmoore aus.

Der sogenannte Märchenweg führt von Torfhaus aus an Wald- und Moorlandschaften vorbei zum Oderteich.

Insekten, vor allem Ameisen, fängt. Einmal fixiert, gibt es für sie kein Entrinnen. Innerhalb von zwei Tagen löst die fleischfressende Pflanze alle verwertbaren Stoffe – vor allem Stickstoff – aus dem Insekt. Auch Heidekraut und Moosbeere, die beide zartlila blühen, gehören zu den floralen Hungerkünstlern. Wie mit Tausenden Wattebäuschchen geschmückt, wirkt das Moor im Juni, wenn sich die Blütenhüllen des Wollgrases in weiße Wollschöpfe verwandeln. Im Herbst leuchtet die grasartige Hainsimse in einem warmen Bronzeton. Im Randbereich, wo die Ernährungslage besser wird, wachsen Moorfichten und die fast strauchartigen Karpatenbirken.

### Gefahr durch Torfabbau

Torf, gut getrocknet, brennt bekanntermaßen. Als um 1710 große Teile der Harzwälder abgeholzt waren, besann man sich auf diese Eigenschaft, um die Feuer der Erzhütten weiter in Gang halten zu können. Quer durchs Große Torfhausmoor zog man einen Entwässerungsgraben und begann mit dem Torfstechen. Die Unterkünfte der Arbeiter waren die Keimzelle des heutigen Ortes Torfhaus. Doch erwies es sich als zu aufwändig, die Soden im feuchten Harzer Klima zu trocknen, und schon 1790 endete der Torfabbau. Nicht weniger schädlich wirkte sich der dauerhafte Wasserentzug aus. Mithilfe des Abbegrabens, der heute noch existiert, leiteten die Bergleute Wasser zu den Gruben von Clausthal-Zellerfeld. Auch in anderen Harzmooren war dies gang und gäbe. Die Entwässerungsgräben werden zwar zurückgebaut, doch sind die empfindlichen Moore damit nicht dauerhaft gesichert. Klimawandel, Stickstoffeintrag aus der Luft und Torfabbau für Blumenerde setzen ihnen weiterhin zu. Zudem sind die an sich so robusten Pflanzen extrem trittempfindlich. Es ist daher verboten, Moore zu betreten – selbstverständlich für alle, die trockene Füße behalten wollen.

## Fakten & Informationen

***Nationalpark Harz***

seit 1990 (Nationalpark Hochharz) bzw. 1994 (Nationalpark Harz) auf 24 703 ha (ca. 10 % Gesamtfläche Harz). 96 % des Parks sind bewaldet (untere Hanglagen Buchenwälder, obere Lagen Buchen-Fichten-Mischwälder, Hochlagen Bergfichtenwälder), auf 52 % finden keine waldbaulichen Maßnahmen mehr statt. Es gibt 220 ha **Hochmoore** und 120 ha **Übergangsmoore** im Nationalpark; bequem zu besichtigen sind Großes Torfhausmoor (1 km östl. Torfhaus am Goetheweg), Goethemoor (nördl. Neuer Goetheweg auf Höhe des Gleisbetts unterhalb Brocken), Oderteich (östl. führt der Wanderweg durchs Moor) und Bodebruch (1,5 km östl. Oderbrück, Aussichtsplattform am Südostrand).

Informationen und Exkursionsangebote auf **www.nationalpark-harz.de**

Hainsimsen bestimmen
das herbstliche Bild der
Moorlandschaften.

OSTERWIECK
SCHWANEBECK
HALBERSTADT
WEGELEBEN
ILSENBURG (Harz)
WERNIGERODE
BLANKENBURG
QUEDLINBURG
THALE
HARZGERODE
ELLRICH
NORDHAUSEN
Nordharz
OBERHARZ am Brocken
Naturpark
Biosphärenreservat
Karstlandschaft
Südharz
Unterharz
Straße der Romanik
Deutsche Alleenstraße
Deutsche Fachwerkstraße
Erlebnisstraße der deutschen Einheit
Rappbodetalsperre
Hasselfelde
Stiege
Stolberg
Neustadt
Ilfeld
Harztor
Maßstab 1:200.000
0 2 4km

# Fachwerk, Schlösser, Kirchenschätze

*Mit Wernigerode und Quedlinburg besitzt das nördliche Harzvorland gleich zwei der schönsten Fachwerkstädte Deutschlands. Halberstadt verlockt mit ungewöhnlichen kulturellen Angeboten und einem herrlichen Domschatz.*

## 1 Ilsenburg

Ilsenburg (9400 Einw.) liegt zu Füßen des Brockens und ist als Ausgangspunkt des Heinrich-Heine-Wegs bekannt. 1546 wurde hier der erste Hochofen im Harz errichtet, der Eisenkunstguss-Teile herstellte.

### SEHENSWERT

**Schloss Ilsenburg** geht auf ein Benediktinerkloster (Urspr. 1003) zurück und diente nach der Reformation den Grafen von Stolberg-Wernigerode als Bleibe. Heute lohnt die 1078–1087 erbaute Klosterkirche einen Besuch (www.klosterilsenburg.de; tgl. 9.30–16.30 Uhr).
Das **Hütten- und Technikmuseum** beschreibt die Geschichte der Ilsenburger Eisenhütte (Marienhöferstraße 9b; Mi.–So. 13.00–16.00 Uhr).

### AKTIVITÄTEN

Durch das romantische Ilsetal und vorbei an den Ilsefällen führt der **Heinrich-Heine-Weg** auf den Brocken. Er überwindet mehr als 800 Höhenmeter, erfordert also Kondition (Ausgangspunkt Ilsenburg; Gehzeit bis Brockengipfel 3–4 Std., 12 km; Rundweg 5–6 Std., 26 km).
Auf dem **Ilsestein,** einem Granitfels mit bester Aussicht, sind nur noch wenige Mauerreste der 1107 zerstörten Ritterburg erkennbar.
Am Ausgang des Ilsetals beginnt der 3 km lange **Borkenkäferpfad**. Auf Tafeln wird über den Schädling informiert, der sich bevorzugt in Fichtenmonokulturen ausbreitet.

### HOTEL UND RESTAURANT

Eines der besten Restaurants im Harz ist die mit einem Michelin-Stern ausgezeichnete **€ € € € Forellenstube.** Luxuriösen Aufenthalt verspricht das dazugehörige **€ € € € Hotel Zu den Rothen Forellen** (Marktplatz 2, 38871 Ilsenburg, Tel. 039452 93 93, www.rotheforelle.de; Restaurant Ende Juli und Aug. geschl., Ruhetage So.–Di.).

### UMGEBUNG

Mit seiner Fachwerk-Altstadt spielt **Osterwiek** (17 km nördl.) in derselben Liga wie Wernigerode. Bekannteste der rund 400 Fachwerkschönheiten ist das Eulenspiegelhaus (Schulzenstraße 8) von 1534. Im 1554 erbauten Rathaus hat das Heimatmuseum seinen Sitz (Am Markt 1; Mo.–Do. 10.00–12.00 und 13.00–16.00, So. 13.00–16.00 Uhr). Besuchenswert ist auch der nördlich gelegene Vogteiplatz.

*Bis heute hat das Schloss Wernigerode nichts von seiner trutzigen Wirkung verloren.*

### INFORMATION

Tourismus Ilsenburg GmbH, Karl-Marx-Straße 1, 38871 Ilsenburg (Harz), Tel. 039452 1 94 33, www.ilsenburg-tourismus.de

## 2 Wernigerode

Die „bunte Stadt am Harz" mit dem weithin sichtbaren Märchenschloss entwickelte sich am Schnittpunkt zweier Handelsstraßen seit dem 9. Jh. prächtig. Vor allem die Tuchweberei und der Handel mit Bier sorgten für Wohlstand. Heute ist Wernigerode (33 500 Einw.) wichtiger Ausgangspunkt für den Brockentourismus.

### SEHENSWERT

Spektakulärer Mittelpunkt der **Altstadt** TOP-ZIEL ist das **Rathaus** (Urspr. 1277). Bemerkenswert sind die Holzfiguren, die an zahlreichen Stellen das Fachwerk zieren. Der neugotische **Marktbrunnen** (1848) ist ein Werk der Ilsenburger Eisenkunsthütte. Ältester Teil der Stadt ist der sogenannte **Klint** westl. des Rathauses mit winzigen Gässchen und dem skurrilen Schiefen Haus – fast in jeder Straße und Gasse finden sich besondere Fachwerkhäuser. Zu den schönsten gehört die **Oberpfarre** (Oberpfarrkirchhof 6), **Café Wien** (Breite Straße 4), das **Krummelsche Haus** (Breite Straße 72) und die **Krellsche Schmiede** (Breite Straße 95). Kochstraße 4 ist das **Kleinste Haus** (1774; 4,20 m hoch und 2,95 m breit). Die **Sylvestrikirche** (1230) war Grablege der Wernigeröder Grafen und erfuhr 1833–1885 einen Umbau.
Als „Neuschwanstein am Harz" gefällt sich **Schloss Wernigerode** (Urspr. um 1110); Graf Ernst zu Stolberg-Wernigerode veranlasste zwischen 1671 und 1676 den Umbau zu einem Barockschloss. Die letzte Umgestaltung erfuhr es Ende des 19. Jh.s. mit dem Anbau von Erkern und Türmchen. Von den 250 Räumen sind 50 als Schauräume für Besucher geöffnet. Sehenswert ist auch der Park unterhalb des Schlosses. Eine Kleinbahn bringt Gäste auf den Berg (www.schloss-wernigerode.de; Mai–Okt. tgl. 10.00–18.00, sonst Di.–Fr. 10.00–17.00, Sa., So. und Fei. 10.00–18.00 Uhr).
Die **Hasseröder Brauerei** am Westrand der Stadt kann besichtigt werden (Auerhahnring 1, Tel. 03942 93 62 19, www.hasseroeder.de; tgl. nach Vereinb.).

### MUSEEN

Im Klint ist auch das **Harzmuseum** zu finden; die interessant aufbereitete Ausstellung informiert über die Geschichte der Stadt, die Naturkunde der Region und gibt Einblicke u. a. ins Feuerwehrwesen (Klint 10, www.harzmuseum.de; Mo.–Sa. 10.00–17.00 Uhr). Außerhalb der Stadt zieht das **Luftfahrtmuseum** Technikinteressierte an (Gießerweg 1, www.luftfahrtmuseum-wernigerode.de; tgl. 10.00–17.00 Uhr).

### AKTIVITÄTEN

Ein wunderschönes Harztal ist die **Steinerne Renne** bei Hasserode. Wildbachartig tost die Holtemme durch eine steile Klamm. Vom Bahnhof Steinerne Renne sind es 2,5 km bis zum gleichnamigen Gasthof; über den Ottofels, eine markante Granitformation, führt der Weg weiter nach Drei Annen Hohne.
Indoor-Spielhalle, Brockenbad und Saunalandschaft locken in den **Hasseröder Ferienpark** (Nesseltal 11, www.hasseroeder-ferienpark.de; tgl. 9.00–20.00, Fr. und Sa. 9.00–21.00 Uhr).

**VERANSTALTUNG**
Im Juli und Aug. erklingen die **Schlossfestspiele** (www.schloss-wernigerode.de).

**HOTEL UND RESTAURANT**
Die **€ € € Westerburg** (18 km nördl.) gilt als älteste Wasserburg Deutschlands. Heute beherbergt sie ein Luxushotel (Wasserschloss Westerburg, Westerburg 34, 38836 Huy, Tel. 039422 95 50, www.hotel-westerburg.de).
**€ € Orchidea Huong** bietet fernöstliche Köstlichkeiten (Klintgasse 1, Tel. 03943 62 51 62, Di. Ruhetag, www.orchidea-huong.de).

**UMGEBUNG**
Tiere aus dem Harz zeigt der **Wildpark** des Gasthauses im Christianental (Rtg. Elbingerode, www.christianental-wernigerode.de; ganzjährig frei zugänglich, Streichelzoo Mo.–Fr. 7.00 bis 16.00 Uhr). Glasmacherhandwerk und Glaskunst zeigt die Glasmanufaktur Harzkristall, 10 km nordöstl. in **Derenburg** (www.harzkristall.de; April–Dez. 10.00–18.00, sonst tgl. 10.00–17.00, Führungen stdl. 10.30–15.30 Uhr).

**INFORMATION**
Wernigerode Tourismus, Marktplatz 10, 38855 Wernigerode, Tel. 03943 553 78 35, www.wernigerode-tourismus.de

Tipp

## Übernachten im Kloster

Östl. von Ilsenburg liegt das 960 ersterwähnte Kloster Drübeck, später Damenstift, dann Kurhaus und heute eine Tagungsstätte der Ev. Kirche, die auch Einzelgäste willkommen heißt. Rund um die Klosteranlagen mit ihrer romanischen Kirche breitet sich ein historischer Garten aus. Einladend sind Klostercafé und -laden. Am ersten Aug.-Sa. wird die Romanische Nacht gefeiert.

**INFORMATION**
Ev. Zentrum Kloster Drübeck, Klostergarten 6, 38871 Drübeck, Tel. 039452 94 33 0, www.kloster-druebeck.de; Klosterkirche tgl. 6.30–19.00, Führungen April–Okt. Di.–Sa. 14.00, So. und Fei. 11.00 und 14.00, Klostercafé und Klosterladen Di.–So. 11.00–17.30, Dez.–Feb. ab 14.00 Uhr

*Garten des Klosters Michaelstein (oben), Renaissance-Rathaus von Blankenburg (rechts oben), Domplatz in Halberstadt (rechts)*

## 3 Blankenburg

Kaum hatte Herzog Ludwig-Rudolf 1714 Blankenburg zur Residenz erhoben und sich durch Heirat Beziehungen nach Wien und Russland aufgebaut, ließ er für seine rauschenden Feste das Schloss im barocken Stil umbauen. Noch heute prägt es die Silhouette der Stadt (21 000 Einw.). Krieg und Geldmangel haben den Fachwerkbestand der Altstadt sehr dezimiert.

**SEHENSWERT**
Aus der im 11. Jh. erbauten Blankenburg ging das **Große Schloss** hervor. Zu DDR-Zeiten Genesungsheim und Schule, hielt eine Initiative den Verfall nach der Wende auf (März–Dez. Di.–So. 10.00–16.00, Führungen und Café Sa. 14.00–16.00 Uhr). Das **Kleine Schloss** (um 1725) ist heute Sitz der Touristeninformation. Rund ums Brauchtum der wandernden Gesellen informiert das **Herbergsmuseum** (Bergstraße 15; Mo.–Fr. 10.00–17.00 Uhr).

**UMGEBUNG**
**Burg Regenstein**, eine 1167 ersterwähnte Felsenburg, liegt 3 km nördl. Die preußische Festung, im Siebenjährigen Krieg von den Franzosen erobert, ließ Friedrich II. 1758 schleifen. 32 der vielen in den Sandsteinfels gehauenen Räume sind noch zu betreten (April–Okt. tgl. 10.00–18.00, sonst Mi.–So. 10.00–16.00 Uhr).

**INFORMATION**
Tourist- und Kurinformation, Schnappelberg 6, 38889 Blankenburg (Harz), Tel. 03944 28 98, www.blankenburg.de

## 4 Halberstadt

Nachdem Karl der Große 804 einen Bischofssitz hierher verlegt hatte, wurde Halberstadt ein Zentrum der Christianisierung. Als Hansestadt unterhielt sie regen Handelskontakt. Schwere Zerstörungen im Zweiten Weltkrieg veränderten das Bild der zweitgrößten Stadt im Harz (42 000 Einw.) gravierend.

**SEHENSWERT**
Schon von weither sichtbar krönen die Türme von Dom, Liebfrauenkirche und Martini-Kirche Halberstadt. Nach dem Vorbild französischer Kathedralen wurde 1236–1491 der gotische **Dom St. Stephanus und Sixtus** errichtet; eindrucksvoll sind der spätgotische Lettner (1510), die um 1220 geschnitzte Triumphkreuzgruppe aus dem romanischen Vorgängerbau und ein Taufbecken von 1195. Höhepunkt ist der Besuch des **Domschatzes** TOPZIEL, einer der bedeutendsten mittelalterlichen Kirchenschätze Europas; Bischof Konrad legte um 1205 den Grundstock für die Sammlung. 320 der rund 650 Stücke können teils in der Domklausur, teils in einem quaderförmigen Betonanbau besichtigt werden. Im Teppichsaal hängen die ältesten Bildteppiche Europas, der „Abraham-Engel-Teppich“ (um 1150) und der „Christus-Apostel-Teppich“ (um 1170). Die Pracht von Byzanz spiegeln Stücke wider, die wohl aus dem Brautschatz der byzantinischen Ehefrau Kaiser Ottos II., Theophanu, stammen. Auch die um 1230 in Eichenholz gefertigte Halberstädter Madonna aus der Liebfrauenkirche wird hier gezeigt (www.die-domschaetze.de; Dom und Domschatz April–Okt. Di.–Sa. 10.00 bis 17.30, So. 11.00–17.30, Nov.–März jeweils bis 16.00, Dom April–Okt. auch Mo. geöffnet). Auf der Westseite des Domplatzes erhebt sich die **Liebfrauenkirche,** 1005–1020 erbaut, im 12. Jh. erneuert und 1956–1960 aus den Trümmern wiedererrichtet. Im schlichten Inneren stechen die Chorschranken mit spätromanischen farbigen Stuckreliefs (um 1200) hervor

*Der Domschatz in Halberstadt ist einer der bedeutendsten mittelalterlichen Kirchenschätze.*

(Mai–Okt. Mo.–Sa. 10.00–17.00, So. 12.00 bis 17.00, sonst Di.–Sa. 10.00–16.00, So. 12.00 bis 16.00 Uhr). In der **St.-Burchardi-Kirche** (Urspr. 12. Jh.) im Norden der Stadt erklingt „As slow as possible" von John Cage (1912–1992) (www.john-cage.halberstadt.de; April–Okt. Di. bis So. 11.00–17.00, sonst Di.–So. 12.00–16.00 Uhr). Die beiden unterschiedlich hohen Türme der gotischen **Kirche St. Martini** (12.–14. Jh.) gelten als Wahrzeichen der Stadt.
Das weltliche Zentrum Halberstadts erstreckt sich rund ums **Rathaus** (Fassade Kopie des 1381 errichteten Baus). Der Roland vor dem Rathaus stammt von 1433 und ist damit zweitältester in Deutschland. Das innerstädtische Leben ballt sich um **Holz-** und **Fischmarkt**.

### MUSEEN

Nördl. des Doms liegt ein prächtiger Barockbau (1782), der heute das **Städtische Museum,** Kunsthandwerk und Stadtgeschichte beherbergt (www.museum-halberstadt.de; April–Okt. Di.–So. 10.00–17.00, Nov.–März bis 16.00 Uhr). Gleich gegenüber stellt das **Museum Heineanum** über 17 000 Vogelpräparate aus (www.heineanum.de; April–Okt. Di.–So. 10.00–17.00, Nov.–März bis 16.00 Uhr). Ebenfalls nördlich des Doms steht das **Gleimhaus,** einst Wohnhaus von Dichter und Domsekretär Johann Wilhelm Ludwig Gleim (1719–1803), heute ein Literaturmuseum, das über 10 000 Briefe, Originalhandschriften, Bildnisse, Landkarten u. a. zeigt (www.gleimhaus.de; Mai–Okt. Di.–So. 10.00 bis 17.00, Nov.–April bis 16.00 Uhr). Bürgerliche Wohnkultur und Handwerk bietet das **Schraube-Museum** (Vogtei 48, www.museum-halberstadt.de; April–Okt. Di.–So. 13.00–17.00, sonst Di.–So. 13.00–16.00 Uhr). Zeugnisse zur jüdischen Kultur beherbergt das **Berend-Lehmann-Museum** (Judenstraße 25; Mai–Okt. Di.–So. 10.00–17.00, Nov.–April bis 16.00 Uhr).

### RESTAURANT

Stuckdecken, Gemälde und Holzböden, dazu geschmackvolle Einrichtungen und eine angenehm-lockere Atmosphäre kennzeichnen das **€ Café-Restaurant Stephanus** mit kleiner Karte und gutem Kuchen (Domplatz 40, Tel. 03941 60 46 43, Ruhetag Mo.).

### UMGEBUNG

Die **Spiegelsberge** südl. der Stadt wurden bereits im 18. Jh. zum Landschaftspark umgestaltet. Heute auch mit Tiergarten, in dem heimische Wildtiere betrachtet werden können (Winter tgl. 9.00–17.00, Sommer 9.00–19.00 Uhr). Im Außenlager „Malachit" des Konzentrationslagers Buchenwald bei **Langenstein** (7 km südw.) mussten über 7000 Menschen 1944 und 1945 Tunnel für die Rüstungsproduktion graben. Rund 4500 Gefangene überlebten die „Vernichtung durch Arbeit" nicht. Die Gedenkstätte Zwieberge erinnert an sie (Vor den Zwiebergen 1; April–Okt. Mo.–Fr. 9.00–15.30 Uhr).

### INFORMATION

Halberstadt Information, Hinter dem Rathause 6, 38820 Halberstadt, Tel. 03941 55 18 15, www.halberstadt.de

Genießen Erleben Erfahren

DuMont Aktiv

# Im stillen Klostergarten

**Mittelalterliche Klöster** waren berühmt für ihre Gärten, in denen Heil- und Gewürzkräuter gezogen wurden. Im einstigen Zisterzienserkloster Michaelstein bei Blankenburg ist bei einer Führung durch den Klostergarten vieles über Heilpflanzen aus dem Blumenbeet zu erfahren.

**Das 1146 gegründete Kloster** wurde bereits 1534 säkularisiert. Mittlerweile hat die Musikakademie von Sachsen-Anhalt ihren Sitz auf Michaelstein und unterhält hier ein Instrumentenmuseum. Im erhaltenen Klosterkomplex erahnt man das Erbe der Zisterziensermönche. Besonders eindrucksvoll sind die beiden Klostergärten, die sich zu einer Attraktion für Garten- und Pflanzenfreunde entwickelt haben.

**Die Michaelsteiner Klostergärtnerin** stellt im Rahmen von Führungen Heil- und Gewürzkräuter vor. Zitronenmelisse etwa war in der Klostermedizin als Herzetrost bekannt. Aus Holunder und Schlehe lassen sich köstliche Press-Säfte gewinnen, die der Stärkung von Leib und Seele dienen. Kräuterweine nach Rezepturen Hildegards von Bingen werden ebenso vorgestellt wie die Geheimnisse der Gemüsebeete und historischen Rosenstöcke. Zum Abschluss sitzen Gärtnerin und Gäste noch ein wenig zusammen und genießen den klostereigenen Holundertrunk, einen Rosenlikör oder Honig von den Wildblumenwiesen.

**Weitere Informationen**

**Stiftung Kloster Michaelstein**
Michaelstein 3, Blankenburg/Harz
Tel. 03944 9 03 00, www.kloster-michaelstein.de; April–Okt. tgl. 10.00–18.00, sonst Di.–Fr. 14.00–17.00, Sa., So. und Fei. 10.00–17.00 Uhr.

**Gartenführungen** siehe Website.

**KlangZeitRaum – dem Geheimnis der Musik auf der Spur** nennt sich die ebenfalls besuchenswerte Ausstellung historischer Musikinstrumente.

*Auf den Führungen durch den Garten des früheren Zisterzienserklosters lernen die Besucher viel über Heilpflanzen – doch auch andere Gartenthemen kommen zur Sprache.*

Erlebniscafe
Stadtbäckerei M.Gelbke

# An Selke und Bode

Vom Brocken kommend, vereinigen sich Kalte und Warme Bode schon bald zur Bode. Zu den schönsten Regionen an diesem fast 170 Kilometer langen Fluss gehören das Rübeländer Kalksteingebiet und die steile Schlucht zwischen Treseburg und Thale. Schon im flachen Vorland durchströmt die Bode Quedlinburg, vorbei an herrlichem Altstadt-Fachwerk. Die Selke durchquert auf ihrem Weg gen Osten eine malerische Waldregion.

An die früheren Bewohner des Quedlinburger Münzenbergs erinnern die „Münzenberger Musikanten" auf dem Marktplatz.

Fachwerk, wohin man schaut – hier am Beginn von Quedlinburgs Breiter Straße.

Die Marktfassade des Quedlinburger Renaissance-Rathauses ist dicht mit Wein bewachsen.

Nördlich des Quedlinburger Marktplatzes ragt in der Neustadt die überwiegend gotische Nikolaikirche auf.

Auf dem Quedlinburger Schlossberg drängen sich die Stiftskirche St. Servatius sowie Stifts- und Schlossbauten.

Die meisten Bauten im historischen Kern Quedlinburgs sind Fachwerkhäuser – eine besondere Herausforderung für den Denkmalschutz.

Quedlinburg! Weithin sichtbar überragt die Stiftskirche auf dem Schlossberg die Altstadt und zaubert eine unverwechselbare Silhouette. Weder Brände noch Kriege haben dauerhafte Wunden geschlagen, auch Stadtplanern gelang das nicht. Ein Modernisierungsvorhaben der DDR, den Fachwerkbestand zugunsten von Plattenbausiedlungen abzureißen, scheiterte an Geldmangel. Rund 1300 Fachwerkhäuser machen die Stadt, die heute zum UNESCO-Welterbe zählt, zu einer der schönsten Deutschlands.

### Einmal Texas und zurück

Einer der ersten Wege in Quedlinburg führt natürlich hinauf auf den Schlossberg. Kurz vor dem Ziel passiert man den Finkenherd. Dort soll Heinrich der Vogler von seiner Wahl zum ostfränkischen König erfahren haben – allerdings gehört diese Behauptung ins Reich der Legenden. Tatsache ist, dass er als König Heinrich I. am höchsten Punkt der Stadt 919 eine Pfalz errichtete und 936 in der Pfalzkapelle beigesetzt wurde. Seine Frau Mathilde gründete auf dem Schlossberg ein Damenstift. Dessen Äbtissinnen besaßen großen Einfluss, steuerten die Geschicke der Stadt, mehrten deren Wohlstand und hielten zeitweilig im Herzogtum Anhalt die Zügel in der Hand. Entsprechend prächtig fiel der Nachfolgebau der Pfalzkapelle aus, die Stiftskirche St. Servatius. Ihr Domschatz, dem schon Kaiser Otto der Große kostbare Stücke übereignete, wäre um ein Haar verloren gegangen: In den Wirren der letzten Kriegstage 1945 hat ein US-amerikanischer Leutnant zwölf der wertvollsten Teile nach Texas geschleust. Als seine Erben 1991 das berühmte Samuhel-Evangeliar auf dem internationalen Kunstmarkt versilbern wollten, kam die Geschichte heraus. Gegen eine Zahlung von drei Millionen Dollar „Finderlohn“ aus der Schatulle der Kulturstiftung deutscher Länder erhielt Quedlinburg seinen Schatz zurück.

### Dunkle Zeiten

Während des Dritten Reichs kam Quedlinburg zu zweifelhaften Ehren. Denn für 1936, zu Heinrichs I. 1000. Todestag, planten die Nationalsozialisten Großes – Heinrich als erster Reichsgründer und „Osterweiterer“ stand bei Hitlers Getreuen hoch im Kurs. Der Reichsführer SS Heinrich Himmler ließ jährlich „Heinrichsfeiern“ abhalten, ernannte die Stiftskirche zu einer Weihestätte der SS, ließ den Chor erweitern und mit einer monumentalen Treppe versehen. Größte Beachtung fand auch die Grabstätte Heinrichs in der Krypta.

Westlich des Marktplatzes liegt die Quedlinburger Hölle, ein schmaler Durchgang (oben links). Fachwerk säumt auch den Schlossberg (oben rechts) und den Finkenherd (unten rechts). In der Blasiistraße ist seit 1807 das „Brauhaus Lüdde" zu finden (unten links).

Zu den alten Burgen des Harzes gehört Falkenstein im Selketal.

Ein ungewöhnliches, aber deshalb nicht weniger beliebtes Ziel ist die Westernstadt Pullman City.

Special

Fachwerkbau

## Eine uralte Bauweise

**Bunte Fachwerkhäuser geben vielen Altstädten im Harz das gewisse Etwas. In Quedlinburg lässt sich die Geschichte des Fachwerkbaus besonders gut studieren.**

In der Wordgasse 3 steht ein Haus, das in seiner Einfachheit fast wie ein Kunstobjekt wirkt. Es ist eines der ältesten Fachwerkhäuser Deutschlands, datiert auf 1346/1347. Als Fachwerkmuseum gibt es Auskunft über eine Bauweise, die jahrhundertelang die norddeutschen Stadtbilder prägte. Das Museum ist im „Ständerbau" errichtet – mit vom Grundbalken bis zum Dach durchgehenden tragenden Pfosten. Bei der jüngeren Rähmbauweise tragen die Ständer jeweils nur ein Stockwerk. Jede Region besitzt ihren Fachwerktyp, und jede Epoche hat eigene Formen hervorgebracht. Erst ab der Spätgotik kragen die höheren Stockwerke über das Erdgeschoss hinaus. Wo das Holz sichtbar ist, finden sich in der Renaissance kunstvolle Verzierungen. Jedes Haus spiegelte auch die soziale Stellung seiner Bewohner wider. In der Barockzeit verschwinden die vorkragenden Geschosse. Die meisten Quedlinburger Fachwerkhäuser datieren in diese Zeit. Nach 1800 dann ließ, wer konnte, in Stein bauen, die Fachwerkfassaden verschwanden unter Putz oder Verkleidung. Erst zu Beginn des 20. Jahrhunderts begann man, Fachwerk-Schönheiten wieder freizulegen.

Ein Fachwerkhaus in Quedlinburg

1937 meldete der „Völkische Beobachter" Knochenfunde, die als Heinrich Gebeine bejubelt wurden – nach Ansicht von Forschern handelt sich dabei aber um eine Täuschung der SS. Heinrichs Gebeine sind und bleiben verschollen.

### Das Heilige Grab

Den Harz im Rücken öffnet sich das Städtchen Gernrode zur Ebene hin. Auf den Ortsstraßen geht es ruhig zu, fast schon ein wenig verschlafen. Rund um die romanische Kirche St. Cyriakus werden Fahrzeuge mit ortsfremden Kennzeichen dann aber deutlich häufiger. Die Kirche gehört nämlich zu den bekannteren Attraktionen im Harz, insbesondere seit das „Heilige Grab" wieder zugänglich ist. Vermutlich zur Zeit des ersten Kreuzzuges um 1090 war es in die Kirche eingebaut worden. Originalgetreue Kopien des Heiligen Grabes in Jerusalem spielten beim Osterfest eine große Rolle. Karfreitag wurde die Christusfigur vom Kreuz genommen, in die Grabkammer gebracht und am Ostersonntag feierlich wieder hervorgeholt. 25 „heilige" Gräber gibt es noch in Deutschland, Gernrodes dürfte das älteste von ihnen sein. Innen, aber vor allem außen ist die sechs mal vier Meter große Kammer mit ungewöhnlich fein gearbeiteten, ausdrucksstarken Reliefs

Der Kletterwald Thale liegt am westlichen Ortsrand an der Bode (oben). Die Baumannshöhle gehört zu den bekannten Rübeländer Tropfsteinhöhlen (unten).

Tief geht der Blick von der Rosstrappe ins stei eingeschnittene Bodetal.

Zu diesem wunderschönen Ausblick von der Mägdetrappe gelangt man auf dem Selkestieg.

„Viel Schönes habe ich auf dieser Reise gesehen, und unvergesslich bleiben mir die Thäler der Bode und Selke."

Heinrich Heine

verziert. Diese „Predigt in Stein" zeigt Szenen vom Leiden und Sterben Christi, wie es im Johannesevangelium erzählt wird. Fast wäre der Figurenschmuck verloren gewesen – Salze aus dem Boden hatten ihn stark angegriffen. Mit Hilfe von Kompressen ist es den Restauratoren aber gelungen, die Salze wieder aus dem Stein zu lösen.

Das Grab spielt in der Osterliturgie der Gemeinde eine bestimmende Rolle. Ostersonntag wird hier ein Mysterienspiel zelebriert, dessen „Regieanweisungen", 1502 niedergeschrieben, vielleicht noch aus der Entstehungszeit des Grabes stammen. Jahr für Jahr ist die Kirche an Ostern brechend voll.

### An der Bode

Thales größter touristischer Schatz ist das schöne Bodetal, das, tief ins Harzer Gestein eingeschnitten, beim Austritt in die Ebene mit dem Felsentor aus Rosstrappe und Hexentanzplatz einen äußerst wirkungsvollen Schlussakkord setzt. Auch hier bieten die landschaftlichen Auffälligkeiten besten Nährboden für Sagen: So hat die Rosstrappe ihren Namen von einer hufähnlichen Vertiefung im Granitgestein. Angeblich hat das Pferd der Königstochter Brunhilde den Abdruck hinterlassen, als die Schöne auf der Flucht vor einem Freier vom Hexentanzplatz auf die Rosstrappe sprang.

Barock umgestaltet, aber noch mit mittelalterlicher Wehrhaftigkeit, erhebt sich Ballenstedts Schloss über seinem Schlossteich.

Die Walpurgishalle in Thale schmücken fünf von Goethes Walpurgisnacht im „Faust“ inspirierte Großgemälde des völkisch orientierten Malers Hermann Hendrich.

Gernrode gehört zu den romanischen Kostbarkeiten im Norden Deutschlands – besonders sehenswert ist die über ein Jahrtausend alte Stiftskirche St. Cyriakus.

Die Walpurgisnacht gehört nicht nur den Hexen. Ausgelassene Feiern in den 1. Mai hinein haben seit jeher große Tradition.

Das Ufer des Wildbachs begleitet der Harzer Hexenstieg, und Wanderer lieben es, nach Treseburg hinaufzuwandern, dort einzukehren, und dann immer bergab zurück nach Thale zu gelangen. Das Rauschen der Bode im Ohr, gelangen Wanderer zu zahlreichen Naturschönheiten: steilen Granitfelsen, mächtigen Auswaschungen und Strudeltöpfen, Schutthalden abgegangener Bergstürze, einem Wald voll seltener Pflanzen und Tiere. Im einmündenden Kästental wachsen die ältesten Eiben weit und breit. Die größte von ihnen bestaunte 1790 schon Alexander von Humboldt. Auch Goethe, begeistert von der geologischen Vielfalt des Tals, hat es 1784 anlässlich seiner dritten Harzreise besucht. Heute steht das Tal unter Naturschutz.

### Blues im Osten

Nicht alle Ostdeutschen sehen in der Wende das große Los, das ist auch in Thale so. Die altbekannten Treffpunkte gibt es nicht mehr, die Einwohnerzahlen sinken scheinbar unaufhaltsam immer weiter, soziale Strukturen sind überall in Auflösung begriffen. Was ringsum aus dem Boden gestampft wird, um den Tourismus anzukurbeln – die wichtigste Einnahmequelle auch in Thale – findet keineswegs einhellige Zustimmung. Das fängt beim Kitsch-und-Plastik-Treiben auf dem Hexentanzplatz an und hört beim Thema Freibad nicht auf. Viele haben dem alten DDR-Schwimmbad nachgeweint, als es zugunsten der funkelnagelneuen Bodetal Therme dichtgemacht wurde, auch wenn eine Generalsanierung schon lange überfällig war. Da sieht es in der 2011 eröffneten Therme ganz anders aus, die lockt mit allen nur denkbaren Schikanen: Licht- und Klangbecken, SPA und Solesprudler, Wasserliege, Poolbar und Barbeque-Areal. Doch wer nur mal ein paar Runden kraulen will, ist hier fehlt am Platz. 12,50 Euro zahlt man mindestens als Erwachsener für einen zweistündigen Aufenthalt. Wem das nicht passt, der wird ins Bergschwimmbad Altenbrak verwiesen. In diesem Freibad schwimmt man für solide drei Euro Tageseintritt, fährt aber 20 Minuten tief in den Harz hinein. Im Gegensatz zum Westharz, wo marode Oberflächen und Sanierungsstau allerorten augenfällig werden, sind die Straßen jetzt tipptopp, und trotzdem beschleicht der Blues so manchen Wendeverlierer. Wer verreist, nimmt auf den nagelneuen Straßen Kurs nach Osten, Richtung Polen etwa, oder Tschechien. Da ist es billig, da kennt man sich aus. Die große Freiheit, das gute Leben? Für viele ausgeträumt.

SEHNSUCHTSZIEL HARZ

# Und oben alles heiter

*Schon im 18. Jahrhundert gehörte der Harz zu den beliebten Reisezielen. Dichter und Literaten haben ihn in ihren Werken verewigt. Unter anderem besuchten Heinrich Heine, Heinrich von Kleist, Theodor Fontane, Hans Christian Andersen, Joseph von Eichendorff und Hermann Löns das raue Waldgebirge – allen voran natürlich Goethe.*

Goethezimmer, Goethesaal, Goetheteller, Goetheweg und Goethemoor – dem Dichterfürst gilt noch heute im Harz die größte Aufmerksamkeit. Zu seiner ersten Reise brach Goethe 1777 auf – der 28-Jährige scheint von einer Sinnkrise gepackt. Unter dem Vorwand, sich über den Bergbau zu informieren, macht er sich zur unwirtlichsten Reisezeit Ende November in den Harz auf, im Kopf einen „wundersamen geheimen Reiseplan": Sein Ziel ist der Brocken. Am 10. Dezember marschiert er „früh nach dem Torfhause in tiefem Schnee". Nebel macht das Vorhaben zunichte. Doch dann reißen die Nebel auf, der Brocken thront majestätisch über den tief verschneiten Wäldern – „1 viertel nach 10 aufgebrochen ... 1 viertel nach eins droben. Heitrer herrlicher Augenblick..." Welchen Weg Goethe bei dieser ersten verbrieften Winterbesteigung des Brockens nahm, ist heute nicht mehr bekannt.

Der Harz bietet dem Naturforscher Goethe, der den Harz 1777, 1783, 1784 und 1805 besucht, ein breites Studienfeld. Und: Als Weimarer Minister obliegt ihm auch der Bergbau, im Harz erhofft er sich neue Impulse. In den Gruben herrschte damals noch Hochbetrieb. In Clausthal wäre er um ein Haar ernsthaft zu Schaden gekommen: „Früh eingefahren in der Caroline Dorothee und Benedicte. Schlug ein Stück Fels den Geschwornen vor mir nieder ohne Schaden weil sichs auf ihm erst in Stücke brach ...", schildert er den Vorfall vom 8. Dezember 1777. Was Goethe auf seinen Harzreisen aufsog, verarbeitete er vielfach, mit der größten Außenwirkung allerdings im „Faust I" mit der Walpurgisnachtszene. Diese machte den Brocken als Hexenberg berühmt, definierte ihn und den Harz als Sehnsuchtsort der Romantiker. Mit nur 17 Jahren kraxelte Joseph von Eichendorff 1805 auf den Brocken. Auch er ist hingerissen: „Mit trunkenem Entzücken genossen wir hier ... das himmlische, unbeschreibliche Panorama ..."

### Frust in Goslar

An zweiter Stelle der reisenden Dichter steht Heinrich Heine. Er beschreibt eine vierwöchige Fußwanderung durch den Harz 1824 in seiner „Harzreise". Und nimmt kein Blatt

In Torfhaus angekommen, konnte Goethe den Förster Christoph Degen als Brocken-Führer gewinnen. Wegen des schwierigen Wetters blieb dem Dichter oben nicht viel Zeit, er notiert: „Um viere wieder zurück. Beym Förster auf dem Torfhause in Herberge." Der Goetheweg erinnert bis heute an diesen Winterausflug.

Der Harz war nicht nur Ziel auswärtiger Dichter und Literaten. In Quedlinburg kam Friedrich Gottlieb Klopstock zur Welt. Sein Geburtshaus am Schlossberg ist heute Museum (ganz oben).

vor den Mund. „Der Name Goslar klingt so erfreulich, und es knüpfen sich daran so viele uralte Kaisererinnerungen, dass ich eine imposante, stattliche Stadt erwartete. Aber so geht es, wenn man die Berühmten in der Nähe besieht! Ich fand ein Nest…" Der Brocken macht alle Strapazen wett. Heine schnauft von der Ilsenburger Seite aus hinauf, Goethes „Faust" im Sinn: „Und ich glaube, auch Mephisto muss mit Mühe Atem holen, wenn er seinen Lieblingsberg ersteigt."

### Asphalttrottel am Berg

Im Zeichen des Massentourismus, der seit 1898 mit Inbetriebnahme der Brockenbahn auch den Brocken ergriff, schlagen Literaten verstärkt kritische Töne an. „Seitdem die Bahn geht, kann jeder Asphalttrottel zum Brocken", notiert der 1907 im Harz reisende Heimatdichter Hermann Löns. „Dass ein Gesangsverein nicht fehlt, und dass er während der Fahrt andauernd in vierstimmiger Weise seinen Gefühlen Ausdruck verleiht, versteht sich von selbst …" Auf dem Brockenplateau ist die Stimmung eine andere geworden. „Man trinkt Bier, man trinkt Wein, man trinkt Sekt, man schreibt Ansichtskarten, man läuft hinaus, man reißt Brockenanemonen haufenweise ab, man ist glücklich."

## Literarische Werke

*Johann Wolfgang von Goethe (1749–1832)*
„Harzreise im Winter" (Gedicht);
„Faust I" (Walpurgisnacht)

*Heinrich Heine (1797–1856)*
„Harzreise"

*Hermann Löns (1866–1914)*
„Auf der Brockenbahn"

Maßstab 1:200.000
0
2
4km
HALBERSTADT
WEGELEBEN
GRÖNINGEN
WERNIGERODE
BLANKENBURG
QUEDLINBURG
THALE
BALLENSTEDT
HARZGERODE
NORDHAUSEN
SANGERHAUSEN
Nordharz
Harzvorland
Naturpark Harz
OBERHARZ
am Brocken
Unterharz
Mansfelder
Südharz
Biosphärenreservat
Karstlandschaft
Deutsche Fachwerkstraße
Straße der Romanik
Deutsche Alleenstraße
Ilsenburg
Wasserleben
Langeln
Danstedt
Heudeber
Derenburg
Langenstein
Spiegelsberge
Harsleben
Ditfurt
Hedersleben
Benzingerode
Heimburg
Michaelstein
Börnecke
Westerhausen
Weddersleben
Warnstedt
Neinstedt
Timmenrode
Cattenstedt
Hüttenrode
Elbingerode
Rübeland
Königshütte
Hasselfelde
Stiege
Allrode
Friedrichsbrunn
Bad Suderode
Gernrode
Rieder
Badeborn
Rosstrappe
Hexentanzplatz
Bodetal
Treseburg
Altenbrak
Wendefurth
Rappbodetalsperre
Trautenstein
Benneckenstein
Sophienhof
Güntersberge
Alexisbad
Mägdesprung
Selketal
Burg Falkenstein
Silberhütte
Straßberg
Neudorf
Dankerode
Breitenstein
Hainfeld
Stolberg
Großer Auerberg
Josephskreuz
Rottleberode
Uftrungen
Breitungen
Questenberg
Roßla
Berga
Kelbra
Ilfeld
Harztor
Neustadt
Harzungen
Herrmannsacker
Buchholz
Rodishain
Wippra
Schwenda
Hayn
Morungen
Lengefeld
Wallhausen
Wickerode
Dittichenrode
Rosperwenda
Urbach
Görsbach
Windehausen
Heringen
Sundhausen
Werther
Salza
Petersdorf
Krimderode
Poppenberg
Netzkater
Eisfelder Talmühle
Rothesütte
Zwergsberg
1
2
3
4
5

# Wanderwelt zwischen Selke und Bode

*Die Region entlang der beiden Flüsse Selke und Bode gehört größtenteils zum Unterharz, einer sanften Hügellandschaft, die sich ideal zum Wandern eignet. Im Harzvorland wartet mit Quedlinburg eine der schönsten Fachwerkstädte Deutschlands.*

## 1 Elbingerode

Die 1206 erstmals erwähnte Bergbaustadt (5300 Einw.) liegt auf einer Hochfläche und ist ein idealer Ausgangspunkt für den Besuch der Rübeländer Tropfsteinhöhlen.

**SEHENSWERT**
An die Bergbauvergangenheit erinnert das **Schaubergwerk Büchenberg** (www.schaubergwerk-elbingerode.de; Führungen tgl. 10.00, 12.00, 14.00 und 16.00 Uhr) und das ehem. **Schwefelkieswerk Drei Kronen und Ehrt**; hier fährt man mit einer Grubenbahn ein (Mühlental 16, www.dreikronenundehrt.de; Führungen tgl. 10.00–16.00 Uhr zur vollen Stunde). Die beiden Rübeländer Tropfsteinhöhlen **Baumanns-** und **Hermannshöhle** liegen im Bodetal südöstl. von Elbingerode. Bergleute fanden die Baumannshöhle schon 1536. Beide Höhlen faszinieren durch ihre großen Tropfsteine, und in beiden ist es nur 8° C warm (www.harzer-hoehlen.de; Juli und Aug. tgl. 9.00–17.30, Feb.–Juni, Sept. und Okt. tgl. 9.00–16.30, Nov. bis Jan. tgl. 9.00–15.30 Uhr, Baumannshöhle Nov. geschl., Hermannshöhle Dez. geschl.).

**UMGEBUNG**
Mehrere Harzflüsse speisen die **Rappbodetalsperre**. Mit 415 m Länge und 106 m Höhe ist die Staumauer höchste in Deutschland. Wasser fließt von hier aus vor allem ins regenarme Harzvorland und bis nach Leipzig. Viele Wanderwege führen um den verzweigten Stausee. Nicht nur für Kinder: In **Pullman City** bei Hasselfelde (16 km südl.) sorgen Cowboys und Indianer für Wildweststimmung (Am Rosentale 1, www.westernstadt-im-harz.de, Ende März–Anf. Nov. tgl. 10.00–18.00 Uhr).

**Tipp**

### Bei den Köhlern

Von April bis Okt. rauchen die Meiler am Stemberghaus und nebeln je nach Windrichtung auch mal die Zuschauer ein. Früher gehörte das Köhlerhandwerk zu den wichtigsten Berufen im Harz, verschlangen doch die Erzgruben immense Mengen an Holzkohle. Alles über dieses Handwerk zeigt die Harzköhlerei Stemberghaus. In der Köhlerhütte winken Köhlerschmaus, Dunkelbier und Kuchen. Ein Sack Buchenholzkohle kann auch erstanden werden.

**HARZKÖHLEREI STEMBERGHAUS**
Stemberghaus 1, nördl. Hasselfelde,
Tel. 039459 7 22 54,
www.harzkoehlerei.de;
Museum tgl. 10.00–18.00 Uhr

*Beeindruckendes Bauwerk: Die Rappbodetalsperre (oben). Wandern entlang der Selke (rechts oben). Hexenpüppchen (rechts)*

**INFORMATION**
Tourist-Information, Markt 3, 38875 Elbingerode (Harz), Tel. 039454 8 94 87, www.elbingerode.de

## 2 Thale

Die ehem. Bergbaustadt (18 000 Einw.) profitiert von ihrer Lage am schönsten Teil der Bode und vom Walpurgistreiben auf dem Hexentanzplatz. Eine 1836 entdeckte Solequelle speist heute die Bodetal-Therme.

**SEHENSWERT**
Trichterförmig öffnet sich am Südrand der Stadt das **Bodetal** TOPZIEL als mächtiger Einschnitt, im Norden von der Felsformation **Rosstrappe** (403 m) flankiert; ihr Zwilling im Süden nennt sich **Hexentanzplatz** (451 m). Eine Kabinenbahn (www.seilbahnen-thale.de; Ostern–Okt.

tgl. 9.30–18.00 Uhr, sonst kürzer) führt hinauf zum Hexentanzplatz mit der 1901 in altgermanischem Stil erbauten Walpurgishalle. Vor der Halle liegt ein Opferstein, der als vorchristlicher Kultstein gedeutet wird (April–Okt. tgl. 10.00 bis 17.00 Uhr). Unterhalb der Halle liegt das 1903 gegründete Freiluft-Bergtheater. Das Harzeum, ein kleines Museum, stellt die Tierwelt des Harz vor und widmet sich in der Walpurgisgrotte dem Hexenzauber (tgl. 10.00–16.00 Uhr, außerhalb Saison Sonderöffnungszeiten, www.harzeum.de). Wie könnte ein Hexenhaus wohl aussehen? Das erleben Kinder im „Hexenhaus auf dem Kopf" (Hexentanzplatz 7, www.hexenhaus-thale.com, April–Okt. tgl. 10.00–17.30 Uhr). Ebenfalls hier oben befinden sich ein **Tierpark** (Juni–Aug. tgl. 9.00–19.00, Mai., Sept. und Okt. 9.00–18.00, Nov.–Jan. 10.00–16.00, Feb.–April 10.00–17.00 Uhr) und der **Harzbob**. Die Rosstrappe ist per Sessellift erschlossen. Oben genießt man die Aussicht oder saust mit dem Mountainbike hinab.

### MUSEUM
Wie funktioniert die Verhüttung? Und wie eine Dampfmaschine? Darauf gibt das **Hüttenmuseum** Auskunft (www.huettenmuseum-thale.de; Di.–So. 10.00–17.00 Uhr).

### AKTIVITÄTEN
Zum Harz hin öffnet sich die **Wanderarena Bodetal** mit unzähligen Tourmöglichkeiten. Thale ist Ausgangspunkt bzw. Ziel des **Harzer Hexenstiegs,** der auf 101 km und verschiedenen Routen den Harz von West nach Ost durchquert. Der **Teufelsmauer-Stieg** zwischen Blankenburg und Weddersleben nördl. von Thale erschließt auf 31 km diese ungewöhnliche geologische Formation. 2015 eröffnete das Erlebnisfreibad Wasserwelt Thale mit zahlreichen Bade- und Spielmöglichkeiten (Ostern–Okt., www.wasserwelt-thale.de).
Die **Bodetal-Therme** bietet eine umfangreiche Wellness- und Thermenlandschaft (Parkstraße 4, www.bodetal-therme.info; tgl. 10.00 bis 22.00/23.00 Uhr).

### HOTEL
**€ €/€ € € Hoffmanns Gästehaus** ist eine freundliche Bleibe am östl. Ortsrand (Musestieg 4, 06502 Thale, Tel. 03947 41 04 0, www.thale-hotel.de).

### UMGEBUNG
Rund ums Papiermachen dreht sich alles im Museum in der ehem. Papiermühle **Weddersleben** (www.papiermuehle-weddersleben.de; Di.–Do. 9.30–12.00 Uhr).

### INFORMATION
Bodetal-Information, Bahnhofstraße 1, 06502 Thale, Tel. 03947 77 68 00, www.bodetal.de

## 3 Quedlinburg

Der ostfränkische König Heinrich I. errichtete im 10. Jh. auf dem Schlossberg seine Reichspfalz und machte die Stadt an der Bode (25 000 Einw.) zu einem der Zentren seines Reiches. 1426 trat Quedlinburg der Hanse bei, mit Samenhandel wurde im 18. und 19. Jh. Geld verdient. Seit 1994 gehört die Altstadt zum UNESCO-Welterbe.

### SEHENSWERT
Hoch über der Stadt erhebt sich der Schlossberg, auf dem Heinrich I. seine „Quitilingaburg" anlegte. Auf der Südseite liegt mit der **Stiftskirche St. Servatii** eines der bedeutendsten Architekturdenkmäler der deutschen Hochromanik; um 1100 erfolgte der Bau der heutigen dreischiffigen Basilika. Ende der 1930er-Jahre funktionierten die Nationalsozialisten die Kirche zur SS-Weihestätte um und bauten den Ostchor und die monumentale Treppenanlage ein, um „Heinrichsfeiern" abzuhalten. In der Krypta ist die Grablege von Heinrich I. und seiner Frau Mathilde. Prachtstücke des **Domschatzes** bilden das Samhuel-Evangeliar (um 840) und die Reliquienschreine (www.die-domschaetze.de, Dom und Domschatz tgl. außer Mo. April–Okt. 10.00–18.00, Nov.–März bis 16.00 Uhr). Die **Kirche St. Wiberti** hat ihren Ursprung im 10. Jh.; eindrucksvoll ist die Krypta (Neuendorf 4, www. wiperti.de; Mai–Okt. Mo. bis Sa. 10.00–12.00 und 14.00–17.00 Uhr).
Am dreieckigen Marktplatz laufen alle wichtigen Wege der **Altstadt** TOPZIEL zusammen. Die Renaissancefassade des **Rathauses**, 1310 erstmals erwähnt, entstand 1616–1619. Links vor dem Rathaus steht ein mächtiger Roland (1426), Zeichen der Marktfreiheit. Rund 1250 **Fachwerkhäuser** aus dem 14. bis 19. Jh. zieren die Innenstadt. Besonders schöne Gilde- und Kaufmannshäuser befinden sich in der **Langen Gasse,** der **Breiten Straße** und der **Hölle.** Auf dem Weg zum Schloss hinauf passiert man den **Finkenherd,** eine Fachwerkzeile, in der der Sage nach Heinrich der Vogler 919 von seiner Wahl zum König erfahren haben soll – in Wirklichkeit wurde Heinrich I. auf dem Reichstag zu Fritzlar zum König gewählt. Der zweite auffallende Hügel ist der **Münzenberg,** urspr. Sitz des Marienklosters. Eindrucksvoll ist das **Münzenberg-Museum,** das die Geschichte des Klosters aufrollt und dessen ursprünglich kirchlichen Räume bis vor kurzem als Wohnungen dienten (Münzenberg 16; Mo. bis Mi. und Fr.–So. 9.00–12.00 und 14.00–17.00 Uhr). Gartenfreunde lieben den barocken **Abteigarten,** der südl. des Schlossberges in den 15 ha großen **Brühl** übergeht, einen englischen Landschaftspark.

### MUSEEN
Das **Schloss** wurde im 16. bis 18. Jh. auf den Mauern der romanischen Vorgängerbauten errichtet. Das **Schlossmuseum** stellt Zeugnisse aus der Geschichte Quedlinburgs aus (Schlossberg 1; April–Okt. Di.–So. 10.00–18.00, sonst 10.00–16.00 Uhr). Beim Finkenherd steht das Geburtshaus von Friedrich Gottlieb Klopstock (1724–1803), **Gedenkstätte** zu Ehren des Dichters sowie der in Quedlinburg geborenen Dorothea Christiane Erxleben, der ersten promovierten Ärztin in Deutschland (Schlossberg 12; April–Okt. Mi.–So. 10.00–17.00, sonst Mi. bis So. 10.00–16.00 Uhr). Gegenüber zeigt die **Lyonel-Feininger-Galerie** Werke des Malers und Grafikers (1871–1956; Schlossberg 11, www.feininger-galerie.de; April–Okt. tgl. außer Di. 10.00–18.00, sonst bis 17.00 Uhr). Einen Überblick zum Thema Fachwerk bietet das Wordhaus, in dem das **Fachwerkmuseum** untergebracht ist (Wordgasse 3; April–Okt. Fr.–Mi. 11.00–17.00, sonst Fr.–Mi. 13.00–16.00 Uhr). Die spielerische Seite des Menschen spricht das **Mitteldeutsche Eisenbahn- und Spielzeugmuseum** an (Blasiistraße 22, www.eisenbahn-spielzeug-museum.de; April–Okt. und Dez. Mo.–Sa. 10.00–17.00, So. und Fei. 11.00 bis 16.00, sonst Mo.–Sa. 10.00–16.00, So. und Fei. 11.00–16.00 Uhr).

*Von Quedlinburgs Altstadtplatz Finkenherd zweigt die Straße Schlossberg ab.*

### VERANSTALTUNGEN
Besonders herausragend sind der **Landesdenkmaltag** am 2. Sept.-Wochenende und **Advent in den Höfen** am 2. und 3. Advents-Wochenende. Das Mittelalterspektakel **Kaiserfrühling** findet jeweils an Ostern und Pfingsten statt.

### HOTEL UND RESTAURANTS
Das **€ € € / € € € € Ringhotel Theophano** ist eines der besten Hotels der Stadt. Man wohnt hervorragend im ehem. Lohgerberhaus (Markt 13/14, 06484 Quedlinburg, Tel. 03946 9 63 00, www.hotel theophano.de).
Sehr nett sitzt man im **€ € Benedikt** im Schatten der gleichnamigen Kirche (Marktkirchhof 18, Tel. 03946 52 66 52). Vor dem Aufstieg zum Schloss kann man sich bei **€ € Schiller's** mit Penne, Risotto und anderen Köstlichkeiten stärken (Lange Gasse 32, Tel. 03946 52 80 52).

### INFORMATION
Tourismus-Marketing, Markt 4,
06484 Quedlinburg, Tel. 03946 90 56 24,
www.quedlinburg.de

## 4 Ballenstedt

Die Kleinstadt (9400 Einw.) blickt auf eine glorreiche Vergangenheit als „Wiege Anhalts" zurück. Hier lag der Stammsitz der Grafen von Ballenstedt, die hier das Fürstenhaus derer von Anhalt gründeten.

### SEHENSWERT
Zwischen 1650 und 1863 war Ballenstedt die Sommerresidenz der Herzöge von Anhalt-Bernburg. Eine 1250 m lange Allee führt auf das 1765 barock umgestaltete **Schloss** zu (Mai

bis Okt. Di.–Fr. 10.00–16.00, Sa. und So. 10.00 bis 17.00, sonst Di.–So. 10.00–16.00 Uhr). Ortsgeschichte zeigt das **Stadtmuseum Wilhelm-von-Kügelgen** (Allee 37; Mai–Okt. Di. bis Fr. 10.00–17.00, Sa. und So. 10.00–12.00 und 14.00–17.00, sonst Di.–Fr. 10.00–16.00, Sa. und So. 10.00–12.00 und 14.00–16.00 Uhr).

### UMGEBUNG

9 km südl. von Ballenstedt schickt sich die Selke an, den Harz zu verlassen. Vorher zwängt sich der Fluss noch durch ein enges Tal, an dem auch die **Burg Falkenstein** liegt. 1120 begannen die Konradsburger Grafen mit ihrem Bau. Im 19. Jh. wurde die Burg zum Jagdschloss umgebaut. Zu besichtigen sind Schauräume und ein Jagdmuseum (www.burg-falkenstein-harz.de; April–Okt. tgl. 10.00–18.00, sonst Di. bis So. 10.00–16.30 Uhr).

Die **Stiftskirche St. Cyriakus** TOPZIEL (erstmals erwähnt 961) in **Gernrode** (7 km westl.) zählt zu den bedeutendsten ottonischen Architekturdenkmälern in Deutschland. Bis auf die Apsis, die 1130 ergänzt wurde, zeigt sich die Kirche fast im Ursprungszustand. Markgraf Gero gründete das Frauenstift Gernrode, das bis 1616 bestand. Bereits 1521 wurde die Kirche protestantisch und war damit eine der ersten weltweit. (April–Okt. Mo.–Sa. 9.00–17.00, So. 12.00–17.00, Nov.–März tgl. 15.00–16.00 Uhr).

### INFORMATION

Tourist-Information, Anhaltiner Platz 11, 06493 Ballenstedt, Tel. 039483 263, www.ballenstedt-information.de

## 5 Harzgerode

In der Umgebung der Gemeinde (8300 Einw.) im Unterharz wurde einst Silber abgebaut. Besonders reizvoll sind Touren entlang der Selke.

### SEHENSWERT

Blickfang ist die wuchtige **Marienkirche,** 1698 auf den Resten eines romanischen Vorgängerbaus errichtet; sie überrascht mit einer schneeweißen barocken Innenausstattung. Auch das **Schloss,** ein Renaissancebau (16. Jh.) mit Festsaal und Heimatstube kann besichtigt werden (tgl. 11.00–16.00 Uhr).

### UMGEBUNG

Schön liegen **Alexisbad,** ein ehem. Kurort (4 km westl.), und **Mägdesprung** (5 km nördl.) im Selketal. In Mägdesprung wurde einst das Erz von Harzgerode verhüttet; darüber informiert das Technische Denkmal Carlswerk mit Hüttenmuseum (April–Okt. tgl. 10.00–16.00 Uhr). In **Straßberg** (10 km westl.) erinnert das Bergwerkmuseum Grube Glasebach an die Zeiten des Bergbaus (Glasebacher Weg, www.grube-glasebach.de; April–Okt. Di.–Do. 10.00–16.00, Sa. und So. 10.00–17.00 Uhr).

### INFORMATION

Stadt-Information, Marktplatz 7, 06493 Harzgerode, Tel. 039484 74 76 703, www.harzgerode.de



Genießen Erleben Erfahren

DuMont Aktiv

# Durchs Selketal

Der Selketal-Stieg, der erst 2006 eröffnet wurde, ist im Gegensatz zum berühmten Harzer Hexensteig noch recht unbekannt. Er führt in vier bis fünf Tagesetappen von den Harzhöhen durch das alte Herzogtum Anhalt bis nach Quedlinburg.

Los geht es am Bahnhof in Stiege, wo auch das Auto abgestellt werden kann. Der Weg folgt anfangs der ostwärts fließenden Selke und durchzieht den Unterharz. Natürlich kann man den Weg auch in Abschnitten erwandern.

Erstes Ziel ist die Quelle der Selke. Unweit von ihr passiert man die Grenze zum Landkreis Quedlinburg und damit auch die alte Grenze des Herzogtums Anhalt. Zwischen Güntersberge und Alexisbad durchquert man altes Bergbaugebiet. An der Selkemühle beginnt der schönste Teil des Tals, das hier als Naturschutzgebiet ausgewiesen ist. Der Fluss mäandert durch malerische Wiesen, an deren Rändern sich ein Wald aus bis zu 200 Jahre alten Eichen und Buchen ausbreitet. Im Frühling lassen Kastanien weiße Blüten auf den Wanderweg rieseln. Ein Abstecher führt zur Burg Falkenstein. Sodann ist Meisdorf erreicht, wo der Weg die Selke verlässt und über Ballenstedt und Gernrode nach Quedlinburg führt. Die Selketalbahn bringt die Wanderer zurück.

### Weitere Informationen

**Ausgangspunkt und Ziel**
Stiege (südöstl. Hasselfelde; Haltepunkt der Selketalbahn) und Quedlinburg (Rückfahrt mit der Selketalbahn).

**Die Strecke**
Der Selketal-Stieg umfasst insgesamt 75 km, die gut in 4 bis 5 Etappen von 9 bis 24 km Länge und mittlerer Schwierigkeit aufgeteilt werden können. Das Wanderzeichen des Wegs ist eine stilisierte Burg Falkenstein, beste Wanderzeit die Monate April bis Okt.

**Informationen und Kartendownload**
Weiteres Material bietet die Internetseite www.harzinfo.de/erlebnisse/wandern

*Der Selketal-Stieg führt durch viele idyllische, bewaldete Abschnitte.*

*Teile des Selketal-Stiegs können auch von Radfahrern befahren werden.*

# Blick zurück auf den Harz

**Drei mächtige Pyramiden signalisieren die Kupferabbauregion Mansfelder Land. Ganz im Zeichen des großen Reformators Martin Luther steht Lutherstadt Eisleben. Am Südrand des Harzes gelegen, bildet der Kyffhäuser sowohl naturkundlich als auch kulturell einen krönenden Abschluss einer Harzreise.**

Hoch über Stolbergs Fachwerk thront das wehrhaft wirkende Schloss der Stadt.

Unübersehbar ist im Mansfelder Land die Bergbauvergangenheit: Abraumpyramide bei Eisleben.
Im Vordergrund ragt die St.-Petri-Pauli-Kirche, Luthers Taufkirche, auf.

Luther-Denkmal vor dem Rathausgiebel. Im Hintergrund überragt der Turm
der spätgotischen Andreaskirche die Fassaden von Eislebens Marktplatz.

In Eislebens St.-Andreas-Kirche hielt Luther seine letzten Predigten.

Auch im neuen Anbau von Luthers Geburtshaus wird von den Familienverhältnissen Luthers und von der ihn bestimmenden Religiosität des spätmittelalterlichen Lebens berichtet.

Am südlichen Rand schwingt sich der Harz zu einer ganz eigenen Schönheit auf. Das Tal der Wipper durchzieht von Stolberg aus kommend ein lichtes Waldland, an dessen Südgrenze die Städte Sangerhausen und Nordhausen liegen. Ganz im Osten fällt das Bergland ab zum Mansfelder Land mit Luthers Geburts- und Sterbestadt Eisleben.

Zwischen Hettstedt und Eisleben erheben sich von weither sichtbar die drei Pyramiden des Mansfelder Landes. Mit 153 Meter Höhe ist die Wolfschachthalde bei Volkstedt die größte – sogar noch höher als die Cheops-Pyramide in Ägypten. Die Landmarken zählen zu den Relikten des Kupferbergbaus. Mussten sich die Bergleute im Mittelalter noch liegend durch nur 40 Zentimeter hohe Erzstollen robben, erlaubten moderne Maschinen einen weit bequemeren und effektiveren Bergbau. So türmte sich der Abraum aus den Minen mit Hilfe von Förderbändern hoch und immer noch höher. Die drei Pyramiden aus Kupferschiefer sind nicht die einzigen Halden; insgesamt schätzt man die Relikte von einem 800 Jahre währenden Bergbau auf bis zu 1900. Die meisten fallen ihrer geringen Größe wegen jedoch gar nicht auf, wurden beim Ackern flach gepflügt oder sind unter Gestrüpp verborgen.

Alteingesessene wissen eine Vielzahl von Geschichten über die Halden zu erzählen. Nachts glühten etliche von ihnen feurig – tatsächlich wurden auch die glutflüssigen Schlacken aus den Hüttenwerken aufgeschüttet. Und für Mutproben boten die streng verbotenen Berge ein reiches Terrain. Heute zieht regelmäßig ein Tross von Schaulustigen auf die große Pyramide der Wolfschachthalde. Ein Spaß sogar für Kinder und Konditionsschwache, denn der künstliche Berg ist relativ leicht zu erklettern und beschert den Gipfelstürmern zur Belohnung eine phantastische Rundumsicht.

### Wo das Kupferblümchen blüht

Von ferne sehen die Pyramiden aus wie totes Land. In der Tat wachsen auf den blauschwarzen Schlacken nicht einmal die als hartgesottene Pioniere bekannten Flechten. Doch die Abraumhalden mit ihrem lockeren Gestein sind von Blassem Knabenkraut, Kupferblümchen, Kupfer-Leimkraut, Hallers Grasnelke und anderen an das giftige Umfeld angepasste Pflanzen besiedelt. Denn mit jedem Regen wird ein Quäntchen Schwermetall ausgewaschen, das in den Pyramiden schlummert. Diese spezielle Flora lockt Scharen von Botanikern aus aller Welt nicht nur nach Mansfeld, sondern auch an viele anderen Stellen des Harzer Bergbaus.

### Kekse aus Stolberg

Stolberg im Tal der Thyra zählt zu den Bilderbuchstädten im Harz. Gepflegte Fachwerkfronten flankieren die blitzblanken Straßen, mitten im Städtchen thront ein schmuckes Schloss, und mit Thomas Müntzer, dem legendären Theologen, Reformator und Revolutionär zur Zeit der Bauernkriege, besitzt die Ortsgeschichte auch einen vorzeigbaren großen Sohn.

Auch kulinarisch tut sich hinter den Fachwerkmauern einiges. Doch während Harzer Käse, Hasseröder Bier und Nordhäuser Korn deutschlandweit bekannt sind, gehört die Firma Friedrich Wilhelm Witte eher zu den lokalen Berühmtheiten, die in einem ansehnlichen Fachwerkhaus ebenso bemerkenswerte Kekse herstellt. Und das schon seit dem Jahr 1891. Auch zwei Weltkriege konnten den „Friwi"-Erfolg nicht stoppen. Die Verstaatlichung 1972 – als „VEB Feingebäck" wurde weiter produziert – bedeutete zwar eine Zäsur in der Firmengeschichte, doch Familie Witte betrieb erfolgreich die Reprivatisierung und backt seit 1992 wieder Hubertus-Taler, Mandel-Printen, Spekulatius, Spritzgebäck, Zwieback, Kuchen und Stollen

Bei Uftrungen zwischen Stolberg und Kelbra liegt die Schauhöhle Heimkehle, eine der größten deutschen Karsthöhlen.

Die sich einst über 600 Meter erstreckende Burg Kyffhausen wurde zu Zeiten Kaiser Friedrichs I. Barbarossa fertiggestellt. Ende des 19. Jahrhunderts überbaute man Teile mit dem 57 Meter aufragenden Denkmal, von dem der Blick auf den Barbarossaturm und weit ins Land geht.

Die mächtige Ringmauer der Unterburg Kyffhausen ist an einigen Stellen mit einer Höhe von zehn Metern erhalten.

Das Kyffhäuser-Denkmal beherbergt auch ein Museum zur Reichsburg und Barbarossasage.

Special

Konzentrationslager Mittelbau-Dora

## Zwangsarbeit unter Tage

Die Ausstellung in der Gedenkstätte Mittelbau-Dora zeigt bedrückende Bilder.

**Das ehemalige Konzentrationslager Mittelbau-Dora erinnert an die Gräuel der nationalsozialistischen Gewaltherrschaft.**
1943 rief die Propaganda im Bombenhagel der Allierten den Totalen Krieg aus. Besondere Hoffnung setzte Hitler auf eine neuartige „Vergeltungswaffe", die „V2". Weil der Fertigungsort dieser Raketen in Peenemünde bombardiert wurde, verlegte man die Produktion in die Nähe von Nordhausen an den Harzrand. 60 000 Zwangsarbeiter aus dem nahen KZ Buchenwald mussten zwölf Kilometer lange Stollen in den Gips graben, 50 unterirdische Fabrikhallen schaffen und die Waffen montieren. 20 000 Menschen überlebten das nicht, Schwache und Sterbende wurden teils in die Gaskammern der Konzentrationslager im Osten geschickt.

nach den alten Familienrezepten. Und so gehört es im Ort wieder zum guten Ton, die kleinen Köstlichkeiten mit der langen Geschichte im hauseigenen Café zu kaufen.

### Auf dem Großen Auerberg

An Superlativen wird im Harz nicht gespart, das merken Reisende sehr rasch. Der Harz besitzt mit dem Brocken den höchsten Berg Norddeutschlands, Thale erfreut sich mit dem Bodetal des schroffsten Felseneinschnitts nördlich der Alpen, Goslar ist stolz über das am längsten durchgängig betriebene Bergwerk, und Stolberg – das punktet mit dem größten Doppelkreuz der Welt. Das Josephskreuz steht auf dem Großen Auerberg und ist in der Tat etwas ganz Besonderes. Die Auftraggeber – die Fürsten von Stolberg und der zehn Jahre zuvor frisch gegründete Harzklub – ließen sich nicht lumpen. Eiserne Rundbögen nach Vorbild des Pariser Eiffelturms bilden die Basis einer kreuzförmigen Stahlfachwerkkonstruktion, die 38 Meter aufragt. Eine Wendeltreppe mit 200 Stufen führt hinauf auf die Aussichtsplattform. Nicht alle Besucher schaffen es bis oben, verrät die Dame am Kassenhäuschen. Den einen fehlt die Puste, die anderen ertragen den freien Blick nach unten nicht. Wer es allerdings bis nach oben schafft,

Seit der Umgestaltung zu einem Barockbau verbindet der Breite Gang die Repräsentationsräume auf Schloss Stolberg (links). Das von außen beheizbare Große Kirchzimmer ist einer der Salons im Fürstenflügel (rechts unten). Der Ort liegt zu Füßen der Schlossterrasse (rechts oben).

Ein Stockwerk des aus dem Mittelalter stammenden Wohnturms beherbergt seit jeher die Schlosskapelle von Stolberg.

Auf halber Höhe zum Schloss Stolberg steht die spätgotische Martinikirche, in der schon Luther predigte.

kann sich vom Ausblick kaum noch losreißen. Der Blick schweift über den ganzen Unterharz mit seinen kräftiggrünen Mischwäldern, in die sich Täler eingraben. Durchsonnte Hochflächen tragen kleine Dörfchen. Am Nordhorizont dräut der dunkle Brocken, Richtung Südosten leuchtet der Kyffhäuser. Angeblich soll der Blick bis zum Dom von Magdeburg reichen. Ohne Frage ein Superlativ.

## Der Kaiser im Berg

Der vielgestaltige, an geologischen Besonderheiten so ungemein reiche Harz findet seinen Abschluss in der Karstlandschaft des Südharzes. Anders als am fichtendunklen, granitschweren Brocken, an dem sich die Regenfälle brechen, geben hier Streuobstwiesen, Buchenwälder, Trockenrasen und rasche Bäche der Landschaft einen lichten Charakter.

Vom Harz durch das Tal der Helme getrennt, bildet der bis zu 457 Meter hohe Gebirgsstock des Kyffhäusers eine separate Insel. Hier lag die größte Burg des Mittelalters, die Reichsburg Kyffhausen, und hier schließt sich der Kreis der Kaiser. In Goslar begann die Geschichte des ersten deutschen Reichs mit Heinrich I., im Kyffhäuser soll der Sage nach Kaiser Friedrich I. Barbarossa noch immer ruhen und über das Reich wachen. An dieser bedeutungsschwangeren Stelle erbaute man im Jahr 1896 das größte Nationaldenkmal Thüringens zu Ehren des ersten Potentaten des zweiten Deutschen Kaiserreichs, Wilhelms I. Jahrein, jahraus strömen Besucher vorbei an Bratwurstbuden hinauf zur Burg und bestaunen den schlafenden Barbarossa mit seinem wallenden Bart und das stolze Reiterstandbild Kaiser Wilhelm I. Kinder toben durch die Burganlage und werfen Münzen in den Barbarossa-Brunnen. Der höchste Punkt der Anlage ist ein 81 Meter hoher Aussichtsturm, der in einer Kaiserkrone endet – ideal für einen letzten grandiosen Blick auf den Harz.

REFORMATION

# Gottes entsprungener Mönch

*Eisleben, die Stadt am äußersten Ostzipfel des Harzes, gehört zu den Kernstädten der Reformation. Hier wurde Martin Luther geboren und hier starb er. Geburts- und Sterbehaus, heute Luthergedenkstätten, zählen zum Welterbe der UNESCO.*

Die Kirche hat einen langen Atem. Seit 2008 feiert sie die Lutherdekade. Höhe- und Endpunkt des Festintervalls ist das Jahr 2017. An dessen 31. Oktober wird es genau 500 Jahre her sein, dass Martin Luther seine 95 Thesen veröffentlichte, die in Konsequenz zu einer weiteren Spaltung der christlichen Kirche führten.

Luther wird am 10. November 1483 in Eisleben geboren und einen Tag darauf in der Petri-Pauli-Kirche getauft. Im Folgejahr siedelt die Familie ins benachbarte Mansfeld über, wo dem Vater der Aufstieg vom Bauern zum Hüttenmeister glückte. Er ermöglicht dem Sohn eine Schulausbildung und auch das Studium in Erfurt. Doch wie wurde aus dem lebenslustigen Jurastudenten ein Mönch? Als am 2. Juli 1505 ein Blitz unmittelbar neben Martin Luther einschlägt, gelobt dieser, zu Tode erschrocken, aber unversehrt, ins Augustinerkloster Erfurt einzutreten. Von dort führt ihn sein Weg nach Wittenberg an den Lehrstuhl für Theologie. In dieser Zeit blüht der Ablasshandel – Papst Leo X. benötigt Geld für den Bau der Peterskirche in Rom. Das ruft Luthers Widerstand hervor. Am 31. Oktober 1517 veröffentlicht er seine 95 Thesen, in denen er die Praktik des Ablasshandels scharf kritisiert. Gott lasse dem Menschen durch seine Gnade das Heil zukommen, er allein könne Sünden vergeben. Einzige Instanz in allen Glaubensfragen sei die Bibel. Die Kirche als Institution wird damit quasi überflüssig.

Vielleicht hat Luther diese Thesen tatsächlich an der Schlosskirche zu Wittenberg angeschlagen – darüber streiten die Forscher –, als Beginn der Reformation wird dieser Tag noch heute von den evangelischen Christen gefeiert. Mit drei 1520 erschienenen Schriften legt er den Grundstein der reformatorischen Theologie. Luther bricht mit der katholischen Kirche, dem Papst, dem Mönchtum und dem Zölibat. 1525 heiratet er die ehemalige Nonne Katharina von Bora.

## Der Funke zündet

Luther ist nicht der Erste, der scharf mit der Kirche ins Gericht geht – was so mancher auch mit dem Leben bezahlt hat. Längst also gärt es innerhalb der Kirche, doch erst bei Luther zündet schließlich der Funke. Dafür sind zahlreiche Faktoren verantwortlich, auch solche ganz praktischer Natur: Der Mitte des vorhergehenden Jahrhunderts von Johannes Gutenberg entwickelte Buchdruck mit beweglichen Lettern erlaubt es, neues Gedankengut in nie gekannter Geschwindigkeit zu verbreiten.

Zu Martin Luthers 400-jährigem Geburtstag 1883 wurde dieses Denkmal auf dem Eislebener Markt aufgestellt (oben). Luther machte die Annenkirche der Eislebener Neustadt zur ersten evangelischen Predigerkirche im Mansfelder Land (links).

Eine ins Straßenpflaster von Eisleben eingelassene Lutherrose.

**Für Luther war die Bibel einzige Instanz in allen Glaubensfragen und nicht die Verlautbarungen der römischen Kirche.**

In Eisleben, Luthers Geburts- und Sterbestadt, sind moderne Gedenkstätten entstanden. Sie geben einen Einblick in die Lutherzeit und die Herkunft seiner Familie. Luthers Taufkirche wurde zum eindrucksvollen „Zentrum Taufe" umgestaltet

Die Gedenkschrift „Von der Freiheit eines Christenmenschen" elektrisiert vor allem die Bauern, die sich 1525 gegen ihre Herrschaft erhoben haben. Sie versuchen, Luther für ihre Sache zu gewinnen, hatte sich doch der in Stolberg geborene Thomas Müntzer ebenfalls auf ihre Seite geschlagen. Doch Luther fühlt sich falsch verstanden, versucht, die Mansfelder und Thüringer Aufständischen zum Einlenken zu bringen. Als das misslingt, fordert er äußerste Härte.

### Reformator wider Willen

Härte erfährt Martin Luther aber auch am eigenen Leib. Als er sich weigert, seine Schriften zu widerrufen, wird er zunächst der Ketzerei angeklagt, 1520 dann mit dem Kirchenbann belegt, 1521 schließlich vom Papst exkommuniziert und von Kaiser Karl V. für vogelfrei erklärt. Doch weder Bann noch Acht können verhindern, dass sich die reformatorischen Gedanken immer weiter ausbreiten. Im ganzen Reich werden mehr und mehr Städte und Territorialstaaten, allen voran das Kurfürstentum Sachsen und Hessen, protestantisch. Luther lebte derweil als „Junker Jörg" versteckt auf der Wartburg in Eisenach …

Der Augsburger Religionsfrieden setzt 1555 ein Zeichen und ermöglicht die Religionsfreiheit. Dies erlebt Luther allerdings nicht mehr. Der Reformator wider Willen besucht 1546 Eisleben, um einen Streit der Mansfelder Grafen zu schlichten. Am 18. Februar verstirbt der Schwerkranke in seiner Heimatstadt und wird in Wittenberg beerdigt.

Eine Spaltung der Kirche hat Luther ursprünglich nicht beabsichtigt. Er wollte vor allem zu den christlichen Ursprüngen und Werten zurückkehren, weg von einer übermächtigen Institution Kirche. Für die Protestanten rückte er Abendmahl und Taufe als einzige Sakramente ins Zentrum des christlichen Kultus.

## Fakten & Informationen

*Luther 2017* (www.luther2017.de):
Mit zahlreichen Veranstaltungen feiert die Evangelische Kirche die Lutherdekade.

*Lutherstätten im Harz* (www.martinluther.de):
Eisleben: Geburtshaus, Sterbehaus, Taufkirche St. Petri-Pauli, St. Andreaskirche mit Lutherkanzel (Luther predigte hier und wurde hier aufgebahrt), Mansfeld: Luthers Elternhaus.

1689 fiel das originale Geburtshaus Luthers einem Stadtbrand zum Opfer. 1693 errichtete man deshalb an gleicher Stelle einen repräsentativeren Erinnerungsbau, heute ältester Museumsbau Deutschlands und Museum Martin Luthers Geburtshaus.

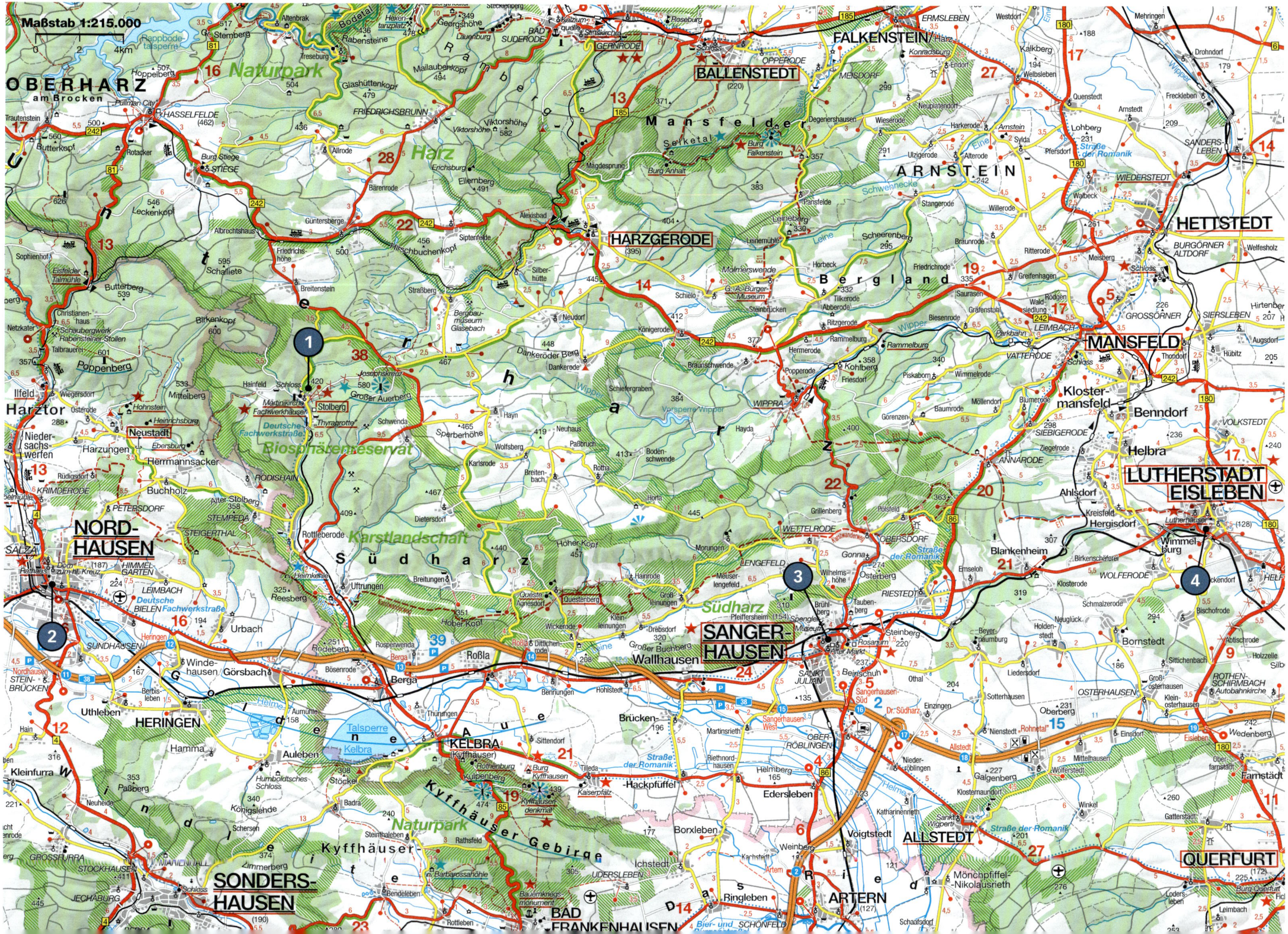
Maßstab 1:215.000
4km
OBERHARZ am Brocken
Naturpark
HASSELFELDE
STIEGE
FRIEDRICHSBRUNN
Harz
BALLENSTEDT
FALKENSTEIN/Harz
GERNRODE
Mansfelder
Selketal
ARNSTEIN
HETTSTEDT
HARZGERODE
Bergland
MANSFELD
Kloster-mansfeld
Benndorf
Helbra
LUTHERSTADT EISLEBEN
Stolberg
Großer Auerberg
Biosphärenreservat
Karstlandschaft
Südharz
Harztor
Neustadt
NORD-HAUSEN
Ilfeld
SANGER-HAUSEN
Wallhausen
Roßla
Berga
Kelbra
KELBRA
Talsperre Kelbra
Kyffhäuser Gebirge
Naturpark Kyffhäuser
HERINGEN
SONDERS-HAUSEN
BAD FRANKENHAUSEN
ALLSTEDT
ARTERN
QUERFURT
Blankenheim
Wippra
Straße der Romanik
Deutsche Fachwerkstraße

# Auf der Sonnenseite des Waldgebirges

*Eisleben gehört zu den wichtigsten Gedenkstätten der Reformation. In modernen Museen wird hier Martin Luthers gedacht. Ein besonderer Zauber wohnt der Karstlandschaft im südlichen Harz inne, die mit Naturschönheiten und dem berühmten Kyffhäuser Besucher reizt.*

## ❶ Stolberg

„Perle des Südharzes" nennt sich die Thomas-Müntzer-Stadt (1300 Einw.). Malerisch in den Wäldern gelegen, zeichnet sich die ehem. Bergmannssiedlung (Eisen, Kupfer, Silber, Zinn und Gold bis ins 17. Jh.) durch Schloss und Fachwerkhäuser aus.

### SEHENSWERT

Hoch über der Stadt thront das **Schloss** der Grafen von Stolberg, restauriert und um einige Schauräume erweitert (www. stolberg-harz.de; Di.–Fr. 11.00–16.00, Sa. und So. 11.00–17.00, Führungen Fr. 20.00, Sa. 14.00 Uhr). Fachwerkhäuser säumen den **Markt,** mit seinen Läden, Straßencafés und Hotels Zentrum des städtischen Lebens. Das **Rathaus** stammt aus der Zeit um 1450. Davor steht ein 1989 aufgestelltes Denkmal für den in der Stadt geborenen revolutionären Theologen und Bauernführer Thomas Müntzer (1489–1525). Südl. vom Markt beherrscht der wuchtige **Seigerturm** (13. Jh.) die Szenerie, ein Relikt der Stadtbefestigung.

### EINKAUFEN

In der Niedergasse 51, in einem um 1500 erbauten Fachwerkhaus, bietet der **Kekshersteller Friwi** seine Produkte an (mit Café, Tel. 034654 502, www.friwi.de).

### MUSEEN

Südl. des Marktplatzes steht eines der schönsten Fachwerkhäuser der Stadt (1535) mit dem **Museum Alte Münze;** gezeigt wird eine historische Münzprägewerkstatt und Exponate rund ums Münzwesen (Niedergasse 19, Di.–So. 10.00–16.00 Uhr). Im **Museum Kleines Bürgerhaus** können Mobiliar aus dem 15. bis 18. Jh. und eine Schusterwerkstatt besichtigt werden (Rittergasse 14; Fr.–So., Fei. 10.00 bis 12.00, 14.00–16.00 Uhr).

### AKTIVITÄTEN

An einem ca. 9 km langen Rundwanderweg von Stolberg aus liegt der **Große Auerberg** mit dem Josephskreuz (April– Okt. Auerbergturm April–Okt. Mo.–Fr. 10.00–17.00, Sa., So., Fei. bis 18.00, Nov.–Feb. Mi.–So. 11.00–16.00, März Di. bis So. 10.–16.00 Uhr). Vom Marktplatz erreicht man zu Fuß in 20 Minuten die **Lutherbuche** auf einer Anhöhe südw. über der Stadt.

*Das Josephskreuz auf Stolbergs Großem Auerberg (links) ermöglicht einen wunderbaren Blick über den Südharz (rechts).*

### HOTEL UND RESTAURANT

Nicht ganz billig, dafür wohnt man im **€ € € € Schindelbruch** umweltorientiert und mitten in der Natur. Im Restaurant muss reserviert werden (Naturresort Schindelbruch 1, 06536 Südharz-Stolberg, Tel. 034654 80 80, www.schindelbruch.de).

### INFORMATION

Tourist-Information, Markt 2, 06356 Südharz OT Stolberg, Tel. 034654 454, www.tourismus-suedharz.de

## ❷ Nordhausen

Die urspr. fränkische Siedlung und spätere Hansestadt (42 000) wurde als Rüstungszentrum Ende des Zweiten Weltkriegs stark zerstört. Das „Thüringer Tor zum Harz" ist seit dem 16. Jh. auch für Hochprozentiges bekannt.

### SEHENSWERT

916 gründete Königin Mathilde ein Damenstift, auf das der 1130–1200 errichtete **Dom** zurückgeht; sehenswert sind die Krypta (12. Jh.) und das Chorgestühl (15. Jh.). Zwei ungleich hohe Türme charakterisieren die **Blasiikirche** (1490); ihre Renaissance-Kanzel stammt von 1592. Im Zentrum hat nur das **Rathaus** (um 1610) den Krieg überstanden. Eine steinerne Stele von Bildhauer Jürgen von Woyski erinnert an die Opfer des Luftangriffs im April 1945. Ein 1717 angefertigter, 3 m hoher **Roland** symbolisiert vor dem Rathaus die Stadtfreiheit. Auf dem Petersberg sorgt das Gelände der **Landesgartenschau 2004** für eine grüne Attraktion mitten in der Stadt. Ein Rundweg führt an den Resten der **Altstadtmauer** entlang.

### MUSEEN

In einem Gebäude aus dem 18. Jh. ist das **Museum Tabakspeicher** untergebracht, das Stadt- und Wirtschaftsgeschichte präsentiert (Bäckerstraße 20; Di.–So. 10.00–17.00 Uhr). Im **Kunsthaus Meyenburg,** zeigt die Städtische

Galerie ihre Schätze, auch finden Sonderausstellungen statt (Alexander-Puschkin-Straße 31, www.kunsthaus-meyenburg.de; Di.–So. 10.00–17.00 Uhr). Wie aus Getreide Korn entsteht, demonstriert die **Echter Nordhäuser Traditionsbrennerei** (Grimmelallee 11, www.traditionsbrennerei.de; Shop Mo.–Sa. 10.00 bis 16.00, Führungen Mo.–Sa. 14.00 Uhr).
Bis zur Schließung 1992 waren die **IFA-Motorenwerke** der größte ostdeutsche Hersteller von Dieselmotoren; ein Museum zeigt Relikte aus dieser Zeit wie den „Famulus"-Traktor, Gruben- und Feldbahnloks (Montaniastraße 13; Di. und Do. 10.00–17.00, 2. und 4. Sa. im Monat 10.00–16.00 Uhr).

### UMGEBUNG

Die **KZ-Gedenkstätte Mittelbau-Dora** (s. auch S. 103) liegt 6 km nördl. bei Obersalza (Kohnsteinweg 20, www.dora.de; März–Okt. Di.–So. 10.00–18.00, sonst Di.–So. 10.00–16.00, Führungen im Stollen Di.–Fr. 11.00 und 14.00, Sa., So. und Fei. 11.00, 13.00 und 15.00 Uhr).
**Ilfeld** (10 km nördl.) gehört zu den wenigen Gebieten, in denen im Harz auch Steinkohle abgebaut wurde. Von 1737–1880 dauerte der Abbau an, flackerte in den Nachkriegsjahren 1946–1949 kurz wieder auf. Der Rabensteiner Stollen ist das einzige Steinkohlen-Besucherbergwerk Deutschlands (www.rabensteiner-stollen.de; Führung April–Okt. Di.–So. 10.00 bis 17.00, Nov.–Mitte Dez. So. 10.45 und 12.00, Ende Dez.–März Di.–Do., Sa., So. und Fei. 10.45, 12.00 und 13.15 Uhr).

### INFORMATION

Stadtinformation, Markt 1, 99734 Nordhausen, Tel. 03631 69 67 97, www.nordhausen.de

Tipp

## Wandern im Südharz

Ein nicht nur geologisch interessantes Netz von Wanderwegen, zusammengefasst unter dem Namen Karstwanderweg, erstreckt sich zwischen Seesen über Osterode am Südharzrand entlang bis Sangerhausen. Auf der Strecke von rund 230 km durchquert dieser Qualitätswanderweg die Grenzen von drei Bundesländern (Niedersachsen, Thüringen und Sachsen-Anhalt), das Biosphärenreservat Südharz und den gleichnamigen Naturpark.

### INFORMATION

Vorschläge für Rund- und Streckenwanderungen sowie Unterkunftsmöglichkeiten auf www.karstwanderweg.de. Zertifizierte Naturführer leiten Exkursionen durch den Naturpark Südharz; www.naturpark-suedharz.de

## 3 Sangerhausen

Die ehem. Bergbaustadt (28 000 Einw.) vom Mittelalter bis ins 19. Jh. liegt an den südlichen Ausläufern des Harzgebirges und hat sich als Rosenstadt einen Namen gemacht.

### SEHENSWERT

Das 1903 angelegte **Europa-Rosarium** gehört zu den größten Rosensammlungen weltweit. Über 75 000 Rosenstöcke aus 8300 Sorten und Arten, darunter viele historische, gedeihen auf von 30 Gärtnern gepflegten 13 ha (www.europa-rosarium.de; Juni–Aug. tgl. 9.00–20.00, Mai und Sept. tgl. 9.00–19.00, Okt., April tgl. 10.00 bis 18.00, Nov.–März tgl. 10.00–17.00 Uhr).
Zeugnisse der Geschichte der Stadt und Umgebung, darunter ein Mammut-Skelett und eine naturkundliche Schausammlung, zeigt das **Spengler-Museum** (Bahnhofstraße 33, www.spengler-museum.de; Di.–So. 13.00–17.00 Uhr).

### VERANSTALTUNG

Am letzten Juni-Wochenende steigt das große **Berg- und Rosenfest.**

### UMGEBUNG

**Wettelrodes** (6 km nördl.) Attraktionen sind das Bergbaumuseum und das Schaubergwerk Röhrigschacht (www.roehrigschacht.de; Museum Juni–Aug. Di.–So. 9.30–17.00, sonst Mi. bis So. 9.30–17.00 Uhr, Führungen 10.00, 11.15, 12.30, 13.45 und 15.00 Uhr).
Hauptsehenswürdigkeit auf dem **Kyffhäuser** (16 km westl.) sind Reste der Reichsburg Kyffhausen (12. Jh.) mit dem Kaiser-Wilhelm-Denkmal (1896). Im Sommer fährt eine Kutsche vom Parkplatz zum Denkmal (www.kyffhaeuser-tourismus.de; April–Okt. tgl. 9.30–18.00, sonst tgl. 10.00–17.00 Uhr). Vor 150 Jahren wurde die Barbarossahöhle im Kyffhäusergebirge entdeckt. In der Schauhöhle erfährt man auch Sagenhaftes über Barbarossa (www.hoehle.de).
Im **Freilichtmuseum Tilleda** wurde eine ehem. Königspfalz (8.–13. Jh.) rekonstruiert (www.pfalz-tilleda.de; April–Okt. tgl. 10.00 bis 18.00, Nov. und März tgl. 10.00–16.00 Uhr).
Im **Panorama Museum Bad Frankenhausen** (26 km südl.) wird das größte Gemälde Europas gezeigt. Werner Tübke malte das dem Zeitalter der Bauernkriege gewidmete Werk zwischen 1983–1987 als „metaphorische Interpretation einer ganzen Epoche" auf einer 14 m hohen und 123 m langen Leinwand (Am Schlachtberg 9, www.panorama-museum.de; April–Okt. Di. bis So. 10.00–18.00, sonst Di.–So. 10.00–17.00, Juli und Aug. auch Mo. 13.00–18.00 Uhr).

### INFORMATION

Tourist-Information, Markt 18, 06526 Sangerhausen, Tel. 03464 1 94 33, www.sangerhausen-tourist.de

## 4 Lutherstadt Eisleben

Das frühere Zentrum (24 300 Einw.) des Kupferschieferbergbaus im Mansfelder Land trägt seit 1946 den Beinamen Lutherstadt, denn hier

*Die „Rosenstadt" Sangerhausen (oben). Das eher prachtlose Leben im frühen Mittelalter zeigt die rekonstruierte Königspfalz Tilleda (unten)*

wurde der große Reformator geboren und hier starb er auch. Die Gedenkstätten gehören heute zum Welterbe der UNESCO.

### SEHENSWERT

Stattliche Bürgerhäuser säumen den großen **Markt** im Herzen der Stadt. Mittendrin erhebt sich das **Lutherdenkmal,** 1883 anlässlich des 400. Geburtstags des Reformators aufgestellt. Das spätgotische **Rathaus** wurde 1519–1530 erbaut. Den Abschluss bildet die **St.-Andreas-Kirche,** nach dem Stadtbrand 1498 errichtet. Die **Pfarrkirche St. Annen** (1513) gehörte zu einem 1522 aufgehobenen Augustinerkloster; eine Besonderheit bildet die Steinbilder-Bibel, die sich aus 29 Relieffeldern der Chorgestühlbrüstung zusammensetzt.
Im Südosten Eislebens liegt **Kloster Helfta,** 1229 für Zisterzienserinnen gegründet. Bedeutende Frauen des Mittelalters, Mechthild von Magdeburg, Mechthild von Hakeborn und Gertrud von Helfta, genannt die Große, führten als Äbtissinnen das Kloster zu großem Ansehen. 1542 aufgelöst, verfiel die Anlage stark. Seit 1999 widmet sich ein Kreis Engagierter dem Wiederaufbau (www.kloster-helfta.de).

### MUSEEN

Mit dem **Luther-Geburtshaus,** dem **-Sterbehaus** und dem **Zentrum Taufe** besitzt Eisleben gleich drei Gedenkstätten **TOPZIEL** zur Geschichte der Reformation. Im Petriviertel kam Martin Luther am 10. Nov. 1483 zur Welt. Seit 1817 ist das Haus Gedenkstätte; es zeigt eine umfassende Ausstellung rund um die Lebensverhältnisse im Eisleben des 15. Jh.s. (Lutherstraße 15, www.martinluther.de; April bis Okt. tgl. 10.00–18.00, sonst Di.–So. 10.00 bis 17.00 Uhr). Wenige Schritte von Luthers Geburtshaus entfernt steht die **St.-Petri-Pauli-Kirche**, in der Luther auf den Namen des Tagesheiligen getauft wurde; heute ist der Bau Zentrum Taufe mit einem in den Boden eingelassenen Ganzkörper-Taufbecken. Das Luther-Sterbehaus präsentiert mit „Luthers letzter Weg" rund 110 Exponate mit den letzten Tagen Luthers als Thema (Andreaskirchplatz 7, geöffnet wie Geburtshaus).

**AKTIVITÄTEN**
10 km östl. von Eisleben liegt der **Süße See,** rund 250 ha groß und bis zu 12 m tief. Das Naherholungsgebiet lockt Surfer und Segler und bietet mit Gaststätte und Campingplatz auch die Infrastruktur für einen längeren Aufenthalt.

**VERANSTALTUNG**
Mit dem **Wiesenmarkt,** im 16. Jh. ein Vieh- und Ochsenmarkt, feiert Eisleben im Sept. das größte Volksfest in Sachsen-Anhalt.

**HOTEL UND RESTAURANT**
Wer einfach, gut und günstig wohnen möchte, übernachtet im **€ € Gästehaus Kloster Helfta** (Bildungs- und Exerzitienhaus, Tel. 03475 71 14 00, www.kloster-helfta.de).

**UMGEBUNG**
Auch **Mansfeld** (16 km nördl.) brachte der Kupferbergbau eine wirtschaftliche Blüte und den Mansfelder Grafen Einfluss und Wohlstand. Das zeigt ihr Stammsitz **Schloss Mansfeld,** das auf eine Burg des 11. Jh.s. zurückgeht und 1859 neugotisch wiederaufgebaut wurde (www.schloss-mansfeld.de; Schlossführungen n. Vereinb. Tel. 034782 2 02 01, Außenanlagen frei zugängl.). **Luthers Elternhaus** in der Spangenberggasse ist heute ein weiteres Luther-Museum. Die Ausstellung zeigt anschaulich den Alltag der Familie und nimmt Bezug auf Luthers Schulzeit. Der Reformator lebte hier 13 Jahre, verbachte also Kindheit und Jugend hier (www.martinluther.de, April–Okt. tgl. 10.00 bis 18.00, Nov.–März Di.–So. 10.00–17.00 Uhr).
In **Hettstedt** (20 km nördl.) zeigt das Mansfeld-Museum die Geschichte des 800-jährigen Kupferschieferbergbaus der Region, der der Sage nach in Hettstedt anfing. Ausgestellt wird auch das Ergebnis einer frühen Industriespionage: die erste Dampfmaschine Wattscher Bauart, die den Briten abgeschaut wurde (Schlossstraße 7; Oster–Okt. Mi.–So. 10.00 bis 16.00, Nov.–Ostern Sa., So. 13.00 bis 17.00 Uhr). Das Schloss **Oberwiederstedt** (23 km nördl.) wird heute als Novalis-Museum genutzt. Auf dem Stammsitz der Familie von Hardenberg wurde Georg Philipp Friedrich von Hardenberg geboren (1772–1801), der als Novalis bekannte frühromantische Dichter (www.novalis-gesell schaft.de; Di.–So. 10.00–16.00 Uhr).

**INFORMATION**
Tourist Information, Hallesche Straße 4,06295 Lutherstadt Eisleben, Tel. 03475 60 21 24, www.eisleben-tourist.de



Genießen Erleben Erfahren

DuMont Aktiv

# Im Vogelparadies

**Am Westrand des Kyffhäusers** breitet sich zwischen den Ortschaften Berga und Kelbra der Helme-Stausee aus. Er lockt zahlreiche Vögel an, darunter auch viele Zugvögel, die hier rasten. Höhepunkt ist der Zug der Kraniche im Herbst. Mit einem Fernglas ausgerüstet, lassen sich in diesem Naturschutzgebiet wunderbare Beobachtungen machen.

**Die Ausläufer des Kyffhäuser-Gebirges** mit der Talsperre Kelbra gehören zu den ökologisch bedeutenden Gebieten der Region. So befindet sich hier Thüringens wertvollstes Wiesenbrütergebiet, wo noch Kiebitz und Wachtelkönig brüten. Der See selber bietet mit Wasser, Schilf und Wiesen Lebensraum für Wasservögel wie Bekassine und Brachvogel sowie für Durchzügler, darunter See- und Fischadler, Krick- und Tafelente und natürlich den Kranich. Er besitzt hier seinen wichtigsten Rastplatz in Mitteldeutschland. Jüngst entdeckten Vogelfreunde hier auch eine nie zuvor dagewesene Anzahl von Schwarzhalstauchern. Nur zu Fuß lässt sich das Ufer erkunden. Meterhohe Disteln flankieren den Schotterweg, ein Fischadler fliegt flach über das Wasser, im Schilf versteckt sich der Teichrohrsänger. Beste Aussicht auf das Geschehen hat man vom Kranichturm beim Campingplatz Kelbra.

**Wer sich vor Ort führen lassen möchte,** bucht eine der ornithologischen Führungen der Naturparkexperten. Frühjahr und Herbst zählen zu den interessantesten Zeiten, und wenn der See abgelassen wird.

**Weitere Informationen**

**Beobachtungsmöglichkeiten**
Am Beobachtungsturm beim Campingplatz Kelbra und an der Beringungs- und Naturschutzstation Numburg am Südufer (nur zu Fuß erreichbar).

**Informationen und Exkursionen**
Weitere Informationen bekommt man beim Naturpark Kyffhäuser, Barbarossastraße 39a, 06567 Rottleben, Tel. 034671 51 40, www.naturpark-kyffhaeuser.de

*Vom mehrstöckigen Vogelturm auf der Ostseite des Helme-Stausees bietet sich einem Vogelbeobachter ein hervorragender Blick auf den See und dessen gefiederte Gäste.*

Die schönsten Gärten und Parks

# Fantastisch angelegt

Üppige Blütenmeere, Parks barocker Herrscher, stille Winkel im Schatten der Klöster – wer Gärten liebt, wird im Harz so manches Kleinod entdecken. Sogar auf dem Brocken.

## 1 Kloster Drübeck

In den Tagungs- und Gästehäusern des ehemaligen Klosters Drübeck herrscht stets Hochbetrieb. Doch es gibt einen Rückzugsraum: Fünf Gärten mit je einem Gebetshäuschen, das früher den Stiftsdamen offenstand und originalgetreu wiederhergestellt wurde. Diese kleinen Anlagen bieten keine sinnenbetörende Blütenvielfalt, sondern sorgsam gestutzte Rasen mit Kieswegen und Mäuerchen. Ganz anders der Hausgarten, aus der sich die Klosterküche mit Kräutern und Gemüse versorgt. Hinter dem Domänengebäude öffnet sich der Garten der Äbtissin, dazwischen liegt der Rosengarten, jenseits der Klostermauern dehnen sich Streuobstwiesen aus. Ein gern aufgesuchter Platz für ein Glas Wein im Schatten: der Klosterhof mit einer 1730 gepflanzten Linde.

Klostergarten 6, 38871 Drübeck, ganzjährig frei zugänglich

## 2 Brockengarten

Auch für Pflanzen bildet das raue Klima am Brocken eine echte Herausforderung. 1890 haben Botaniker aus der Ungunst der Lage eine Tugend gemacht und im Brockengarten mehrere Hundert Hochgebirgspflanzen aus aller Welt versammelt. Brockenwanderer müssen genau hinschauen, so wenig fällt dieser Hort der Überlebenskünstler unterhalb des Brockengipfels auf. Die meisten Pflanzen ducken sich flach an den Boden, zusammengekuschelt zu unscheinbaren Polstern, ein filziger Pelz schützt die Blätter, beim Edelweiß sogar die Blüten. In schüchternem Blassrosa blüht der Mauerpfeffer aus dem Iran, bizarr die Pantoffelblume aus Patagonien, flankiert von Dolomiten-Fingerkraut und Kaukasischer Silberwurz. Aus dem Harz stammt die Brockenanemone, die zu den Küchenschellen gehört und von Mai bis Juli blüht. Der Wellensittich-Enzian aus Tibet läutet im Oktober das Ende der Saison ein. Weil die 1800 Pflanzenarten sehr trittempfindlich sind und von Wissenschaftlern unter die Lupe genommen werden, ist der Brockengarten nur mit Führung zugänglich.

Brockengipfel, Führung Mitte Mai–Mitte Okt. Mo. bis Fr. 11.00, 14.30 Uhr, Sa., So. nur im Rahmen der Rundwanderung Brockengipfel, www.nationalpark-harz.de

## 3 Barockgarten Blankenburg

Das Zeitalter der gepuderten Perücken, höfischen Jagden und opulenter Lustbarkeiten hat auch in Blankenburg Spuren hinterlassen. Herzog Ludwig Rudolf von Braunschweig-Wolfenbüttel ließ den Ort zu einer fürstlichen Residenz ausbauen, deren barocke Pracht sich in den Parks und Gärten fortsetzte. Heute erstrecken sich auf 107 Hektar einige sehenswerte Anlagen, darunter der 1718 angelegte Terrassengarten. Dank seiner Lage am Hang geht von der Freitreppe aus der Blick weit übers Land, verspielte Lauben und Skulpturen, Brunnen und Teiche sowie eine Neptungrotte zaubern das barocke Lebensgefühl von einst wieder hervor. Auch beim Gartenhaus ließ sich der Herzog nicht lumpen und legte es so großzügig an, dass man es heute „Kleines Schloss" nennt.

Schnappelberg 6, 38889 Blankenburg (Harz), Terrassengarten ganzjährig frei zugänglich

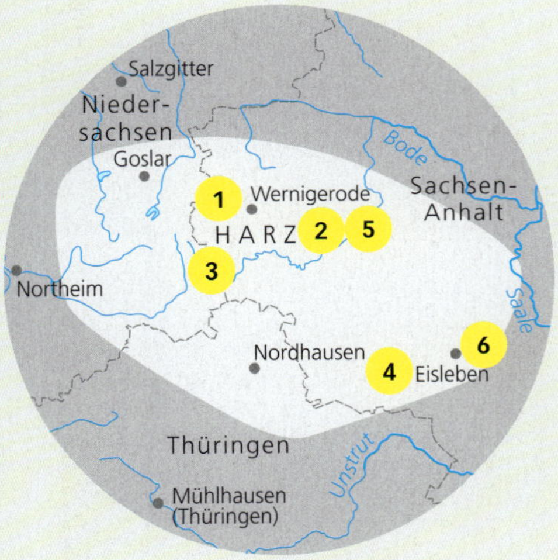

## 4 Rosarium Sangerhausen

Im Südharz widmet sich die größte Rosensammlung der Welt der Königin der Blumen. Etwa 8500 Rosensorten gedeihen in Sangerhausen auf rund 13 Hektar. Stolz balancieren die Edelrosen ihre gelben, weißen und roten Blütenköpfe auf dem schlanken Hals, Wogen von Strauchrosen hängen über Spaliere, reich bestachelte Moosrosen wehren Pflückversuche ab, betörend duften die purpurfarbenen Damaszenerrosen, aus denen Öl gewonnen wird. Neben klassischen und modernen Züchtungen besitzt das Rosarium auch eine der weltweit größte Sammlungen an Wildrosen und alten Rosensorten. Die Hauptblüte dauert von Mai bis Juli. Wer sich im heimischen Garten mit Rosenrost und Mehltau plagt, dem wird geholfen: Von Juni bis Mitte August beantworten Experten jeden Samstag und Sonntag alle Fragen rund ums Rosenpflanzen.

Am Rosengarten 2 a, 6526 Sangerhausen, www.europa-rosarium.de, Juni–Aug. tgl. 9.00–20.00, Mai und Sept. tgl. 9.00–19.00, Okt., April tgl. 10.00–18.00, Nov. bis März tgl. 10.00 bis 17.00 Uhr

## 5 Abteigarten und Brühlpark Quedlinburg

Wie Quedlingburgs Altstadt zählen Abteigarten und Brühlpark zum UNESCO-Welterbe. Sachsen-Anhalt und die EU haben viel Geld in die Hand genommen, um im Rahmen des Projekts „Gartenträume" den Park aufzuwerten und in einen barock-englischen Landschaftspark zurückzuverwandeln. Abseits der gut gepflegten Baum-, Strauch- und Rasengruppen liegt der naturbelassene, wilde Teil an der Bode, wo im Frühling Bärlauch blüht und die Spechte trommeln. Jährlich im Juni steigt ein großes Kunstfest im Park. Vom barocken Hauptweg aus führt ein Weg schnurgerade aufs Schloss zu, mitten durch den Abteigarten. Wie einst reiht sich hier ein Blumenbeet streng rechtwinklig ans andere – eine Erinnerung an die Zeit, als Äbtissinnen das Sagen hatten und die Stadt ihren Reichtum auch aus der Samenzucht schöpfte. Wer gut zu Fuß ist, nimmt den Gartenrundweg. Er beginnt am Schloss, führt durch den Abteigarten in den Brühl, von dort in den Dechaniegarten und endet im Wordgarten in unmittelbarer Nachbarschaft der Altstadt.

Stadtzentrum Quedlinburg, ganzjährig frei zugänglich

## 6 Labyrinth Kloster Helfta

Labyrinthe, deren Wege in die Mitte führen, gehören zur Tradition des mittelalterlichen Christentums. Dies ist im Kloster Helfta in grüner Form aufgegriffen worden. Im weitläufigen Garten der Zisterzinserinnen liegt ein 30 x 40 Meter großes Labyrinth. Sieben Umgänge schlingen sich um die kleine Laube in der Mitte. Man wandelt vorbei an würzig duftendem Lavendel, Rosmarin und üppig blühenden Heilpflanzen, sorgsam gestutztem Liguster, Hainbuchen, Rosen und Schmetterlingssträuchern. Ein wunderbarer Ort, um in sich zu gehen, Schritt um Schritt zur Ruhe zu kommen und die Schönheit der Schöpfung zu genießen.

Kloster St. Marien zu Helfta, Lindenstr. 36, 06295 Lutherstadt Eisleben, Garten ganzjährig tagsüber frei zugänglich

*Kulinarisch hat der Harz einiges zu bieten: Wurstspezialitäten (oben), Gose-Bier im „Brauhaus Goslar" (rechts oben), Harzer Käse und Schmalzbrot (rechts)*

# Service

*Keine Reise ohne Planung. Auf den folgenden Seiten haben wir für Sie Wissenswertes und wichtige Informationen für Ihren Urlaub im Harz zusammengefasst.*

## Anreise

**Auto:** Eine schnelle Nord-Süd-Verbindung in den Harz bietet die Autobahn A 395 von Richtung Braunschweig nach Vienenburg am nördlichen Harzrand. Die A 38 verläuft parallel zum südlichen Harzrand und ist erreichbar über die A 7, Abzweigung Autobahnkreuz Dammetal.
**Bahn:** Wernigerode, Quedlinburg und Nordhausen an den Harzrändern sind mit der Bahn ziemlich gut erreichbar (Tel. 0180 6 99 66 33, www.bahn.de).
Die **Harzer Schmalspurbahnen** (HSB) erschließen das Zentrum des Harzes mit 40 Stationen auf drei Strecken (Harzquerbahn: Nordhausen–Ilfeld– Eisfelder Talmühle–Benneckenstein–Drei Annen Hohne–Wernigerode; Selketalbahn: Eisfelder Talmühle – Stiege – Alexisbad – Gernrode – Quedlinburg mit den Abzweigungen Stiege–Hasselfelde und Alexisbad–Harzgerode; Brockenbahn: Drei Annen Hohne–Schierke–Brocken; HSB, Friedrichstraße 151, 38855 Wernigerode, Tel. 03943 55 80, www.hsb-wr.de).
Der Verbundtarif Region Braunschweig (VRB) umfasst alle Nahverkehrsmittel im Nordwesten des Harzes (www.vrb-online.de), der Verkehrsverbund Süd-Niedersachsen (www.vsninfo.de) den Südwesten. Die Harzer Verkehrsbetriebe (www.hvb-harz.de) bedienen den Landkreis Harz, also den Nordosten der Region mit Wernigerode, Halberstadt und Quedlinburg. Die Verkehrsgesellschaft Südharzlinie (www.vgs-suedharzlinie.de) ist für den Nahverkehr im Süd- und Unterharz zuständig.
**Flugzeug:** Der Flughafen Leipzig/Halle (Tel. 0341 2 24 11 55, www.leipzig-halle-airport.de) ist etwa 50 km von Lutherstadt Eisleben entfernt, der Flughafen Erfurt-Weimar etwa 60 km vom Südrand des Harzes (Tel. 0361 656 22 00, www.flughafen-erfurt-weimar.de), der Flughafen Hannover-Langenhagen ca. 80 km von Goslar bzw. 100 km von Bad Harzburg (Tel. 0511 97 70, www.hannover-airport.de).

## Auskunft

**Harzer Tourismusverband e.V.:** Marktstraße 45, 38640 Goslar, Tel. 05321 3 40 40, www.harzinfo.de
**Regionalverband Harz:** Hohe Straße 6, 06484 Quedlinburg, Tel. 03946 9 64 10, www.harzregion.de
**Touristinformation Oberharz:** Hüttenstraße 9, 38707 Altenau, Tel. 05328 8 02 20, www.oberharz.de und www harztourismus.de
**Internet:** Der Harzer Tourismusverband stellt auch eine Harz-App für iPhone und Android zur Verfügung. Das Angebot der App ist sehr umfangreich und deckt fast alle Ausflugs-, Touren-, Unterkunfts- und Freizeitmöglichkeiten im Harz ab. Auf www.harzinfo.de/service findet man weitere Informationen zur App, sowie die Links zum Download. Weitere wichtige Internetadressen: www.harzagentur.de (Stadtführungen, Mountainbike-, Kanu- und Wandertouren), www.harzlife.de (alles rund um Kultur, Sehenswürdigkeiten und Events), www.harzregion.de (Schwerpunkte Geologie, Natur, Wanderrouten als Download), www.wandern-im-harz.de (sehr detailliert mit Downloads der Harzer Wanderwege und auch Gepäcktransport).
**Ermäßigung:** Die HarzCard bietet freien Eintritt in rund 100 Einrichtungen (Burgen, Schlösser, Museen, Höhlen, Bergwerke, Gärten, Bäder u. a.). Die HarzCard ist in zwei Varianten erhältlich: für 48 Stunden (Erw. 29 €, Kinder 19 €) oder vier Tage (Erw. 59 €, Kinder 39 €). Informationen und Ausgabestellen stehen unter www.harzinfo.de.

## Essen und Trinken

**Essen:** Im Harz treffen gleich mehrere Landesgrenzen zusammen, und so vereinen sich in der Harzer Küche Einflüsse vor allem aus der niedersächsischen und Thüringer Küche. Handfeste Wurst- und Fleischspezialitäten gehören hier zum Standardrepertoire. Die kräftige **Harzer Schmorwurst** wird zu Kartoffelbrei und Sauerkraut gereicht. In den ehemaligen Bergbaustädten kommt gerne auch mal eine **Schärpermahlzeit** auf den Tisch, die sich aus Harzer Wurstspezialitäten, dazu Harzer Käse, Thüringer Mett, Schmalz, Rettich und Bauernbrot zusammensetzt. Hinter dem Gericht **Harzer Knüste** (oder Knieste) verbergen sich gebratene Kartoffelscheiben, die mit Leberwurst oder Mett kombiniert werden.
Hervorragende Gerichte bereiten die Harzer Köche aus dem zu, was ihnen Wald und Flüsse als Ausgangsbasis liefern. **Hirsch, Reh** und **Wildschwein** sowie **Forelle** finden sich fast auf jeder Speisekarte. Mittlerweile züchten wieder vermehrt Landwirte das **Harzer Rote Höhenvieh,** eine alte Rinderrasse, die hochwertiges Fleisch liefert.

*Beim Rosenfest in Sangerhausen*

Der berühmte **Harzer Käse,** der auch Harzer Roller genannt wird, ist ein Sauermilchkäse. Die abgeflachten Laibchen wurden früher von Hand gerollt. Im Harz selbst wird der Käse allerdings mittlerweile nicht mehr hergestellt, sondern in Sachsen. Sein volles Aroma, auch für die Nase, hat der Käse kurz bevor er anfängt zu „laufen"; der weiße Kern ist dann gelblich geworden.
Unter den Kuchenspezialitäten ragen die **Heidelbeerkuchen** mit Schmand hervor.
**Getränke:** Zu den typischen Getränken gehört das **Bier.** Das „Hasseröder" ist inzwischen dank Fernsehwerbung deutschlandweit bekannt (s. auch S. 79). Interessant ist das Verkosten der regionalen Biersorten wie „Aecht Sehusen'sch" aus Seesen, „Harzer Urstoff" aus Altenau (Altenauer Brauerei bzw. Klostergutsbrauerei Wöltingerode), „Pubarschknall" oder anderes Frischgebrautes der Brauerei Lüdde (Blasiistraße 14, Quedlinburg, Tel. 03946 70 52 06) und natürlich die Goslarer „Gose" (Brauhaus Goslar, Marktkirchhof 2, Goslar, Tel. 05321 68 58 04; Brauereiführungen), ein naturtrübes Weizenbier mit einzigartigem Geschmack, dem Salz und Koriander zugegeben werden. Der Sage nach soll schon Otto III. im 10. Jh. ein Anhänger der Gose gewesen sein. 1332 wird das nur in Goslar gebraute Bier erstmals erwähnt.
Ebenfalls typisch für den Harz ist der Schierker Feuerstein, ein Kräuterlikör, erfunden vom Schierker Apotheker Willy Drube Ende des 19. Jh.s. Zu den überall im Harz erhältlichen Hochprozentigen zählen der im Kloster Wöltingeroder hergestellte gleichnamige Edelkorn (Spitzname »Wölti«) und natürlich der Nordhäuser Korn.

Info

## Geschichte

**100 000 v. Chr.:** Erster Nachweis menschlicher Besiedlung im Harzvorland.
**um 300 n. Chr.:** Archäologisch bestätigte Buntmetallverhüttung bei Düne nahe Bad Grund.
**5./6. Jh.:** Archäologisch nachgewiesener Bergbau am Rammelsberg.
**um 800:** Eroberung und Christianisierung des Sachsenreichs durch die Franken; erste Klostergründungen.
**919–936:** Sachsenherzog Heinrich wird im Ostfränkischen Reich zum König Heinrich I. gewählt. Pfalzen am Nord- und Südrand des Harzes entstehen. Der Harz wird bis ins 11. Jh. Kernland der deutschen Kaiser.
**ab 936:** Heinrichs Sohn und Nachfolger Otto I., ab 962 Kaiser des Heiligen Römischen Reiches (Deutscher Nation), gründet Quedlinburg.
**968:** Erster urkundlich erwähnter Abbau der Silbererzvorkommen am Rammelsberg.
**1009:** Erste Reichsversammlung in Goslar.
**1017:** Goslar wird Kaiserpfalz.
**1024:** Die Herrschaft der Ottonen endet. Goslar bleibt auch unter den nachfolgenden Saliern (bis 1125) Kaiserpfalz.
**um 1200:** Beginn des Kupferschieferabbaus im Mansfelder Land.
**13. Jh.:** Erzabbau bei St. Andreasberg.
**um 1400:** Durch Raubbau ist der Harz fast völlig entwaldet.
**1483:** Geburt des Reformators Martin Luther am 10. Nov. in Eisleben, der dort am 18. Feb. 1546 auch stirbt.
**1487:** Erster urkundlicher Nachweis von Bergbau in St. Andreasberg.
**um 1489:** Geburt des Pfarrers, Reformators und Bauernführers Thomas Müntzer (Stolberg).
**um 1500:** Wiederaufnahme des Harzer Bergbaus nach dem Niedergang im 14. Jh. Landesherren siedeln Bergleute aus dem Erzgebirge an. Die Sieben Freien Bergbaustädte St. Andreasberg, Grund, Clausthal, Zellerfeld, Wildemann, Lautenthal und Altenau erhalten „Bergfreiheit" und das Recht auf Münzprägung.
**1517:** Thesenanschlag in Wittenberg am 31. Okt. 1517, Beginn der Reformation.
**1524/1525:** Bauernkrieg. Die Schlacht bei Frankenhausen endet mit der Niederlage der Bauern. Thomas Müntzer wird am 27. Mai 1525 hingerichtet.
**1534–1864:** Im Oberharz wird ein ausgefeiltes System zur Wassergewinnung, -verteilung und -nutzung errichtet, die „Oberharzer Wasserwirtschaft".
**1618–1648:** Dreißigjähriger Krieg. Entvölkerung und Verwüstung des Landes.
**um 1650:** Brennholz wird knapp; 1658 Beginn des Torfabbaus bei Torfhaus.
**1775:** Gründung der Clausthaler Bergakademie, heute Technische Universität.
**1777:** Johann Wolfgang (von) Goethe besteigt den Brocken.
**1815:** Wiener Kongress; Neuverteilung des Harzes zwischen Hannover und Preußen; der Silberbergbau floriert.
**1824:** Heinrich Heine durchwandert den Harz („Harzreise").
**1834:** Erfindung des Drahtseils durch den Clausthaler Bergrat Wilhelm J. A. Albert.
**19. Jh.:** Industrialisierung. Neue Technologien im Bergbau, erste Eisenbahnlinie Braunschweig–Harzburg (1843), Beginn des Harz-Tourismus.
**ab 1910:** Erste Bergwerke schließen.
**1933–1945:** 1934 wird Goslar aufgrund seiner historischen Bedeutung und seines Stadtbildes „Reichsbauernstadt" (Reichsbauerntage). In Quedlinburg finden Heinrichsfeiern der SS statt. Im Zweiten Weltkrieg schwere Zerstörungen in Nordhausen; Einrichtung von Zwangsarbeiterlagern.
**1945–1989:** Teilung des Harzes. Der niedersächsische Westharz wird 1949 „Zonenrandgebiet", der Brocken ist als militärisches Sperrgebiet der DDR bis 1989 nicht mehr öffentlich zugänglich.
**1988:** Bergwerk am Rammelsberg schließt.
**1990:** Das Brockengebiet wird Nationalpark. Beitritt der DDR zur BRD, Öffnung der Grenzen.
**1992:** Rammelsberg und Goslarer Altstadt werden UNESCO-Weltkulturerbe; 1994 folgen Stiftskirche, Schloss und Altstadt von Quedlinburg, 1996 die Luthergedenkstätten in Eisleben, 2010 die Oberharzer Wasserwirtschaft mit Kloster Walkenried.
**2000:** Erste Auswilderung von Luchsen im Nationalpark.
**2005:** Das letzte produzierende Bergwerk des Harzes in Bad Lauterberg schließt.
**2006:** Fusion der beiden Harzer Nationalparks in Niedersachsen (gegr. 1994) und Sachsen-Anhalt.
**2008:** Lagerstätten-Erkundungen im Gosetal beim Rammelsberg.
**2012:** Rodungen am Wurmberg bei Braunlage zum Bau von Kunstschneepisten.
**2014:** Eröffnung Luther-Museum Mansfeld.
**2017:** Die Evangelische Kirche (und damit auch die Luthergedenkstätten in Eisleben und Mansfeld) feiert seit 2008 500 Jahre Reformation (Lutherdekade).

*Seeadler (oben), am Ilsenburger Borkenkäferpfad (unten)*

*Ohne eine vollständige Stempelsammlung gibt es keine Harzer Wandernadel.*

## Nationalpark

2006 wurden die beiden Nationalparks Hochharz und Harz zum Nationalpark Harz zusammengelegt. Er umfasst eine Fläche von 24 703 ha, die von den Randzonen und einer Höhe von 230 m zum Brocken hin und dann auf 1141 m ansteigt. Diese Höhendifferenz von rund 900 m ist die Ursache für die vielfältige Vegetation. Etwa 96 % sind bewaldet.

Der Nationalpark Harz unterhält nicht nur eine Fülle an Wanderwegen, sondern bietet in den Besucherzentren auch umfangreiche Informationen rund um die Natur im Harz. Ein breites Exkursionsprogramm sowie erlebnispädagogische Angebote ermöglichen es, den Harz unter sachkundiger Führung kennenzulernen (Nationalparkverwaltung Harz, Lindenallee 35, 38855 Wernigerode, Tel. 03943 55 02 0, www.nationalpark-harz.de).

**Besucherzentren** gibt es auf dem Brocken mit dem Brockenhaus (www.nationalpark-brocken haus.de; ganzjährig tgl. 9.30–17.00 Uhr), in Torfhaus (www.torfhaus.info; April–Okt. tgl. 9.00–17.00, sonst Di.–So. 10.00–16.00 Uhr), in St. Andreasberg (www.nationalparkhaus-sanktandreasberg.de; April–Okt. Mo.–Fr. 10.00–18.00, Sa. und So. 10.00–17.00, sonst Di.–So. 10.00–17.00 Uhr), bei Drei Annen Hohne (Natur-Erlebniszentrum Hohnehof; April–Okt. tgl. 10.00–17.00, sonst bis 16.00 Uhr), in Schierke (Nationalparkhaus; tgl. 8.30–16.30 Uhr), bei Ilsenburg (Nationalparkhaus Ilsetal Di.–So. 8.30–16.30 Uhr), am Scharfenstein (Ranger-Station Scharfenstein; tgl. 10.00 bis 16.00 Uhr) und in Bad Harzburg (Haus der Natur; Di.–So. 10.00–17.00 Uhr).

Der **Geopark Harz · Braunschweiger Land · Ostfalen** bringt die geologische und mineralogische Vielfalt des Gebietes näher (www.geopark-harz.de).

## Feste und Veranstaltungen

**Januar/Februar:** Harzer Kulturwinter in Quedlinburg, Goslar und auf Schloss Wernigerode (www.harzinfo.de). Schlittenhunderennen Benneckenstein, Tanne, Elend und Clausthal-Zellerfeld.

**März/April:** Osterfeuer am Ostersamstag oder -sonntag (www.harzinfo.de), Walpurgis (Nacht vom 30. April auf den 1. Mai), ein Massenevent an bis zu 30 Orten, vor allem in Thale und Schierke (www.harzinfo.de).

**Mai:** Kaiserfrühling (Pfingsten); in Quedlinburg bricht das Mittelalter an, wenn die Reichsversammlung aus dem Jahr 973 nachgespielt wird.

**Juni:** Rosenfest in der Rosenstadt Sangerhausen. Wiesenblütenfest in St. Andreasberg mit Viehaustrieb und Stadtfest. Im Juni beginnen die mehrwöchigen Musikfeste Quedlinburger Musiksommer (www.quedlinburger-musiksommer.de) und die Halberstädter Domfestspiele (www.die-domschaetze.de).

**Juli:** Sehen und gesehen werden lautet das Motto bei der Galopprennwoche in Bad Harzburg (www.harzburger-rennverein.de). Bis in den August werden die Wernigeröder Schlossfestspiele veranstaltet (www.schloss-wernigerode.de).

**August:** Am Stemberghaus steigt das Köhlerfest (www.harzkoehlerei.de), auf Ruine Regenstein werden Ritterspiele veranstaltet.

**September:** Nicht nur der Hirsch röhrt bei den Hirschbrunft-Erlebnistagen in St. Andreasberg. Das Sehusa-Fest in Seesen ist das größte Historienspektakel Norddeutschlands. Der „Tag des offenen Denkmals" wird in Quedlinburg mit einem zweitägigen Stadtfest gefeiert. Mit dem Eisleber Wiesenmarkt steigt in der Lutherstadt seit fast 500 Jahren das größte Volksfest Mitteldeutschlands (www.wiesenmarkt.de).

**Oktober:** Bei der Verleihung des Kunstpreises Goslarer Kaiserring wird ein Gegenwartskünstler geehrt.

**Dezember:** In der Adventszeit finden in vielen Harzstädten schön gestaltete Weihnachtsmärkte statt.

*Bergbau nur noch als museale Erinnerung*

## Preiskategorien

| | | | |
|---|---|---|---|
| €€€€ | Hauptspeisen | über 30 | € |
| €€€ | Hauptspeisen | 21–30 | € |
| €€ | Hauptspeisen | 11–20 | € |
| € | Hauptspeisen | bis 10 | € |

## Restaurants

Sternerestaurants sind im Harz eher dünn gesät. Der zentrale Harz ist fest in der Hand der Landgasthöfe und Waldgaststätten. Handfeste Kost und Harzer Küche beherrschen die Speisekarten. In den Städten ist die Auswahl naturgemäß größer und wesentlich internationaler.

## Sport

**E-Bike:** Noch gibt es nicht allzu viele Verleihstationen, aber elektrisch Radeln ist auch im Harz im Kommen – sowohl mit Tourenrädern als auch Mountain-E-Bikes. Orte mit Verleih und Tourangebot: Altenau, Blankenburg, Clausthal-Zellerfeld, Hahnenklee, Hornburg, Osterwiek, Schierke, Seesen, Thale, Wernigerode (www.ebike-harz.info und www.harz-by-ebike.de).
**Golf:** Im gesamten Harz gibt es eine Vielzahl von Golfplätzen, über die eine Broschüre des Harzer Tourismusverbands informiert. Clubs gibt es u. a. in Bad Harzburg, Braunlage, Osterode, Schulenberg, Duderstadt und Schloss Meisdorf.
**Kanu:** Wildwasserfahrer zieht es an die Oker unterhalb der Talsperre. Über den Wasserstand informiert die Hotline der Harzwasserwerke (Tel. 05326 90 83 00).
**Klettern:** Harzer Granit ist bei Kletterern sehr geschätzt, sämtliche Schwierigkeitsgrade lassen sich finden. Beliebte Kletterfelsen sind die 25 m hohen Schnarcher- oder die Feuersteinklippen in Schierke, die Kletterfelsen im Okertal (siehe auch S. 63) und in Thale. Informationen beim Deutschen Alpenverein (DAV) unter www.dav-felsinfo.de und www.basislager-brocken.de.
**Mountainbiken:** Die größte Anzahl an Touren bietet die Volksbank Arena. Die Arena umfasst 74 ausgeschilderte Routen auf 2200 km Gesamtlänge in drei Schwierigkeitsgraden an 31 Standorten (www.volksbank-arena-harz.de; u. a. Bad Grund, Bad Harzburg, Bad Lauterberg, Bad Sachsa, Blankenburg, Braunlage, Goslar, Herzberg, Ilsenburg, Neustadt, Samtgemeinde Oberharz, Osterode am Harz, St. Andreasberg, Seesen, Walkenried, Wernigerode). Downhill-Strecken mit Bikepark bieten das Bike-Alpinum Schulenberg (Juni-Okt., www.alpinum-schulenberg.de) und Bocksberg Hahnenklee (s. auch S. 45).
**Reiten:** Anderen beim Reiten zuschauen (Bad Harzburger Galopprennwoche, www.harzburger-rennverein.de) oder selber ausreiten ist beides im Harz möglich. Reiterhöfe gibt es beispielsweise in Bad Gandersheim (Pony-Gestüt-Clus, www.classic-pony.de) und Wernigerode (www.reiterhof-wernigerode.de).
**Wandern:** Rund 8000 km markierte Wanderwege durchziehen den Harz. Informationen über alle Wanderwege mit Höhenprofilen, Sehenswürdigkeiten usw. stellen der Harzer Tourismusverband (s. Auskunft) zur Verfügung, der Wandertouren-Anbieter „Wandern im Harz" (Sieben Linden 25, 38640 Goslar, Tel. 05321 6 89 66 00, www.wandern-im-harz.de) sowie der Heimat-, Wander- und Naturschutzbund Harzclub (Bahnhofstraße 5a, 38678 Clausthal-Zellerfeld, Tel. 05323 8 17 58, www.harzklub.de). Beliebte Brockenaufstiege sind der „Goetheweg" von Torfhaus (8 km einfach) und der „Heinrich-Heine-Weg" ab Ilsenburg durchs schöne Ilsetal (15 km einfach). Weitwanderwege: Berühmtester Wanderweg des Harzes ist der „Harzer Hexenstieg" von Osterode über St. Andreasberg, den Brocken, Schierke und Altenbrak nach Thale (www.hexenstieg.de). Noch wenig begangen wird dagegen der „Karstwanderweg" (233 km) am Harzsüdrand zwischen Osterode über Bad Sachsa bis Pölsfeld bei Sangerhausen (www.karstwanderweg.de). Wer die innerdeutsche Grenze inspizieren möchte, kann den „Harzer Grenzweg" wählen; er misst rund 100 km, verbindet Walkenried im Süden mit Ilsenburg im Norden und ist Teil des deutschen Wanderwegs „Erlebnis Grünes Band" (www.erlebnisgruenesband.de). Noch wenig bekannt sind der Selketalstieg (s. auch

Info

## Daten und Fakten

**Landesnatur:** Der Harz ist das nördlichste deutsche Gebirge. Er dehnt sich auf einer Fläche von 2226 km² aus (ungefähr 100 km Länge und 40 km Breite). Die höchsten Berge sind Brocken (1141 m), Heinrichshöhe (1044 m), Kleiner Brocken (1015 m) und Wurmberg (971 m). Im Norden hebt sich der Harzrand steil aus der Norddeutschen Tiefebene heraus, während der Südrand relativ sanft abfällt.
Zahlreiche Flusstäler durchziehen den Gebirgsstock. Bodetal und Selketal gehören zu den landschaftlich schönsten. Die ausgeprägten Niederschläge dienen auch der Wasserversorgung: 31 Talsperren mit einem Fassungsvermögen von 400 Mio. m³ liefern Wasser bis nach Leipzig. Von Natur aus kommen oberhalb von 800 m Bergfichtenwälder vor, in tieferen Lagen Buchenmischwälder. Durch die Abholzungen in der Vergangenheit und die Wiederaufforstung wachsen im Oberharz auch in tieferen Lagen überwiegend Fichten. Im Südharz und Richtung Osten finden sich Mischwälder. Einzigartig sind die zahlreichen Hochmoore im Oberharz.
Im Harz stehen zahlreiche Gesteinsarten an; das macht das Gebiet für Geologiefreunde besonders spannend.
Rund 10 % des Harzes gehören zum Nationalpark Harz.
**Verwaltung und Bevölkerung:** Drei Bundesländer haben Anteil am Harz: Sachsen-Anhalt, Thüringen und Niedersachsen. Insgesamt leben hier rund 700 000 Einw. Die Abwanderungsquote in den ehemaligen Städten der DDR ist hoch; dort geht die Bevölkerung seit der Wende teils dramatisch zurück.
**Klima:** Der Brocken ist der große „Wettermacher" im Harz. An seinen Flanken regnen sich die Wolken von Westen her kommend ab. Im Oberharz fällt dreimal so viel Niederschlag wie im norddeutschen Flachland. Süd- und Ostharz hingegen liegen im Regenschatten – Quedlinburg ist die trockenste Stadt Deutschlands. Im Winter wird es im Oberharz extrem kalt, doch aufgrund des Klimawandels ist die Schneesicherheit nicht mehr in dem Maße gegeben wie in der Vergangenheit. Der Ausbau von Kunstschnee-Pisten schreitet daher fort. Als bevorzugte Reisezeiten gelten Juni bis Sept., im Winter von Ende Dez. bis Anfang März. Im Nov. haben im zentralen Harz einige Hotels geschlossen. Viele Städte am Harzrand sind ganzjährig attraktive Ziele.
**Wirtschaft:** Die Zeiten der Zonenrand-Zuwendungen im Westharz liegen lange zurück. Dafür kamen dank „Aufbau Ost" dem östlichen Teil des Harzes millionenschwere Fördergelder zugute. Quedlinburg, Wernigerode, Halberstadt und die anderen ehemals in der DDR gelegenen Städte wurden vorbildlich saniert und zählen heute zu den Touristenattraktionen. Die Hauptverkehrsachsen sind im Osten in einem besseren Zustand als im Westen. Allerdings ist die Arbeitslosenquote deutlich höher als im Westen.
War früher der Bergbau einer der wichtigsten Arbeitgeber in der Region, ist es inzwischen der Tourismus. Es werden große Anstrengungen unternommen, um das Sportangebot auf dem neuesten Standard zu halten, beispielsweise durch die Ausweisung von weiteren Wanderwegen und einem attraktiven Mountainbike-Angebot, um neue Unterkünfte zu errichten, ältere Hotels modernen Standards anzupassen und „Leuchtturmprojekte" mit überregionaler Strahlkraft aufzubauen. Dazu zählen der Nationalpark Harz, die UNESCO-Welterbestätten sowie Sehenswürdigkeiten wie der Domschatz Halberstadt und die Besucherbergwerke.
Auch die Forstwirtschaft hat noch Bedeutung im Harz. Der Bedarf an nachwachsenden Rohstoffen treibt derzeit den Holzpreis in die Höhe, was den Waldbesitzern im Harz zugutekommt.

S. 97; www. selketal-harz.de) und der Harzer Baudensteig, der sich von West nach Ost von Bad Grund bis Walkenried zieht (www.harzer baudensteig.de). Eine Mehrtagestour am Nordrand des Harzes bietet der Harzer Klosterwanderweg (www.harzer-klosterwander weg.de).

**Wassersport:** Segeln und Surfen sind u.a. auf dem Okerstausee, der Innerstetalsperre, dem Oderstausee und dem Vienenburger See möglich.

**Wintersport:** Insbesondere der Oberharz lockt mit einem breiten Wintersportangebot: 31 Rodelbahnen, 30 Skilifte, fast 500 km gespurte Loipen, dazu rund 300 präparierte Winterwanderwege. Am Wurmberg bei Braunlage kann mittels Beschneiungsanlage der Winter verlängert werden; Braunlage bietet zudem wie auch Bad Sachsa eine Eissporthalle. Natureisbahnen finden sich in Hahnenklee, Bad Harzburg, Schierke und Hohegeiß. Aktueller Schneebericht mit Angabe aller geöffneten Pisten, Loipen usw. unter www.wintersport. harzinfo.de.

## Unterkunft

**Hotels:** Sowohl östlich als auch westlich der innerdeutschen Grenze war der Harz schon immer Urlaubsgebiet. Entsprechend gut sind die Regionen auf Tourismus eingestellt. Dennoch herrscht teilweise Sanierungsstau, und die Qualität der Hotelzimmer variiert stark – nicht von ungefähr werben viele Häuser auch mit dem Jahr der letzten Renovierung. In den vergangenen Jahren sind mehrere Resorts neu erbaut bzw. erweitert worden. Auch hochpreisige erstklassige Hotels sowie preiswerte Unterkünfte sind verfügbar.

### Preiskategorien

| | | |
|---|---|---|
| **€€€€** | Doppelzimmer | über 120 € |
| **€€€** | Doppelzimmer | 81–120 € |
| **€€** | Doppelzimmer | 51–80 € |
| **€** | Doppelzimmer | bis 50 € |

**Jugendherbergen:** Auskünfte und Broschüren sind erhältlich beim Harzer Tourismusverband, bei den Landesverbänden Hannover und Sachsen-Anhalt des Deutschen Jugendherbergswerks, beim DJH Landesverband Hannover (Tel. 0511 16 40 20, www.djh-nieder sachen.de), beim DJH Landesverband Sachsen-Anhalt (Tel. 0391 532 10 00, www.djh -sachsen-anhalt.de) und beim DJH-Service-Center Thüringen (Carl-August-Allee 13, 99423 Weimar, Tel. 03643 85 00 00, www.djh-thuer ingen.de).

**Camping:** Über die zahlreichen Campingplätze gibt die Broschüre „Camping und Wohnmobil-Stellplätze Harz" des Harzer Tourismusverbands Auskunft (www.harzinfo.de).

## Wellness

Im Harz gibt es neben Kurorten auch eine Vielzahl an Städten und Hotels mit Wellness- bzw. Bäder-Angebot. Hier eine beispielhafte Auswahl: Bad Grund (Eisensteinstollen, Schurfbergstraße 2, Tel. 05327 70 07 10, www.bad -grund.de), Bad Lauterberg (Wellenbad Vita mar, Masttal 1, Tel. 05524 85 06 65) www.vitamar.de), Bad Sachsa (Erlebnisbad Salzatal-Paradies, Talstraße 28, Tel. 05523 95 09 02, www.salztal-paradies.de), Bad Suderode (Kur- und Gesundheitszentrum mit Wellnessbereich, Felsenkellerpromenade 4, www. bad-suderode.de), Osterode am Harz (Erlebnisbad Aloha, Schwimmbadstraße 1, Tel. 05522 90 64 15, www.agualand-osterode.de), Seesen (Sehusa-Wasserwelt mit Erlebnisbad und Therme, Engelader Str. 3, Tel. 05381 9 80 72 80, www.sehusa-wasserwelt.de), Thale (Bodeta Therme Thale, Parkstraße 4, Tel. 03947 77 84 50, www.bodetal-therme.info), Wernigerode (Brockenbad im Hasseröder Ferienpark, Nesseltal 11, Tel. 03943 5 57 00, www.hasseroeder-ferien park.de).

# Register

**Fette** Ziffern verweisen auf Abbildungen



## Impressum


**2. Auflage 2016**




**Verlag:** DuMont Reiseverlag, Postfach 3151, 73751 Ostfildern, Tel. 0711 45 02 0, Fax 0711 45 02 135, www.dumontreise.de
**Geschäftsführer:** Dr. Thomas Brinkmann, Dr. Stephanie Mair-Huydts
**Programmleitung:** Birgit Borowski
**Redaktion:** Olaf Rappold (red.sign, Stuttgart)
**Text:** Dina Stahn, Stuttgart
**Exklusiv-Fotografie:** Ralf Freyer, Freiburg
**Titelbild:** Luchsprojekt im Harz (laif/David Klammer)
**Zusätzliches Bildmaterial:** S. 4 r. u. LOOK-foto/Heinz Wohner, 5 u. iStockphoto/swinnerrr, 8/9 und 20/21 Bildagentur Huber/Gräfenhain, 14/15 laif/Gerald Hänel, 10/11 Bildagentur Huber/Arcangelo Piai, 16/17 LOOK-foto/Heinz Wohner, 22 o. Shutterstock/kostolom3000, 22 u. l. Naturresort Schindelbruch, 22 u. r. LOOK-foto/Heinz Wohner, 23 o. l. LOOK-foto/TerraVista, 23 o. r. PLUMBOHMS Bio-Suiten, 23 u. Naturresort Schindelbruch, 40 o. Shutterstock/kostolom3000, 40 u. l. picture-alliance/ZB, 40 u. r. picture-alliance/dpa, 41 o. l. picture-alliance/Westend61, 41 o. M. Shutterstock/Nearbirds, 41 o. r. picture-alliance/ZB, 41 u. picture-alliance/dpa, 48 u. DuMont Bildarchiv/Karl Johaentges, 62 o. l. LOOK-foto/Karl Johaentges, 62 M. Bildagentur Huber/Szyszka, 63 o. iStockphoto/swinnerrr, 63 u. DuMont Bildarchiv/Karl Johaentges, 72/73 LOOK-foto/Heinz Wohner, 80 M. Bildagentur Huber/R. Schmid, 95 M. Bildagentur Huber/Arcangelo Piai, 95 r. o. laif/Paul Hahn, 97 o. Getty Images/Christian Carroll, 107 l. mauritius images/Reiner Elsen, 111 r. Bildagentur Huber/Gräfenhain, 112 o. mauritius images/Andreas Vitting, 114 o. iStock, 114 u. l. mauritius images/imagebroker/Gabriele Hanke, 114 u. r. DuMont Bildarchiv/Sabine Lubenow, 115 o. picture-alliance/ZB, 115 M. picture-alliance/dpa, 115 u. mauritius images/Peter Lehner, 118 l. o. DuMont Bildarchiv/Karl Johaentges
**Grafische Konzeption, Art Direktion:** fpm factor product münchen
**Cover Gestaltung:** Neue Gestaltung, Berlin
**Layout:** Cyclus · Visuelle Kommunikation, Stuttgart
**Kartografie:** © MAIRDUMONT GmbH & Co. KG, Ostfildern; Kartografie Lawall (Karten für „Unsere Favoriten")
**DuMont Bildarchiv:** Marco-Polo-Straße 1, 73760 Ostfildern, Tel. 0711 45 02 266, Fax 0711 45 02 10 06, bildarchiv@mairdumont.com





**Anzeigenvermarktung:** MAIRDUMONT MEDIA, Tel. 0711 450 20, Fax 0711 45 02 10 12, media@mairdumont.com, http://media.mairdumont.com
**Vertrieb Zeitschriftenhandel:** PARTNER Medienservices GmbH, Postfach 810420, 70521 Stuttgart, Tel. 0711 72 52-212, Fax 0711 72 52-320
**Vertrieb Abonnement:** Leserservice DuMont Bildatlas, Zenit Pressevertrieb GmbH, Postfach 810640, 70523 Stuttgart, Tel. 0711 7252-265, Fax 0711 7252-333, dumontreise@zenit-presse.de
**Vertrieb Buchhandel und Einzelhefte:** MAIRDUMONT GmbH & Co. KG, Marco-Polo-Straße 1, 73760 Ostfildern, Tel. 0711 45 02 0, Fax 0711 45 02 340
**Reproduktionen:** PPP Pre Print Partner GmbH & Co. KG, Köln
**Druck und buchbinderische Verarbeitung:** NEEF + STUMME premium printing GmbH & Co. KG, Wittingen, Printed in Germany

FSC
www.fsc.org
MIX
Papier aus verantwortungsvollen Quellen
FSC® C001857

## Dresden Sächsische Schweiz

**Kaleidoskop der Künste**
Es sind vor allem die Museen mit ihren Kunstschätzen, die begeistern, wir stellen die interessantesten vor.

**Dolce Vita an der Elbe**
Zum Einkaufen, Speisen und sich Amüsieren geht's in die Neustadt.

**Wein mit Tradition**
Mittlerweile kommen edle fruchtige Tropfen aus Sachsen.

## Korsika

**Strand und Berge**
Wir präsentieren Ihnen die Traumstrände der Insel ebenso wie die schönsten Wanderwege.

**Asterix auf Korsika ...**
... persifliert das Leben der Bewohner – oder sind alles nur Klischees?

**Echt korsisch**
Wo Sie ausgefallene Produkte und originelle Geschäfte finden, wir verraten es.

**www.dumontreise.de**

# Lieferbare Ausgaben

**DEUTSCHLAND**
**119** Allgäu
**092** Altmühltal
**105** Bayerischer Wald
**120** Berlin
**162** Bodensee
**121** Brandenburg
**175** Chiemgau, Berchtesg. Land
**013** Dresden, Sächs. Schweiz
**152** Eifel, Aachen
**157** Elbe und Weser, Bremen
**125** Erzgebirge, Vogtland
**168** Franken
**020** Frankfurt, Rhein-Main
**059** Fränkische Schweiz
**112** Freiburg, Basel, Colmar
**028** Hamburg
**026** Hannover zw. Harz u. Heide
**042** Harz
**062** Hunsrück, Naheland, Rheinhessen
**023** Leipzig, Halle, Magdeburg
**131** Lüneburger Heide, Wendland
**133** Mecklenburgische Seen
**038** Mecklenburg-Vorpommern
**033** Mosel
**114** München
**047** Münsterland
**015** Nordseeküste Schleswig-Holstein
**006** Oberbayern
**161** Odenwald, Heidelberg
**035** Osnabrücker Land, Emsland
**002** Ostfriesland, Oldenb. Land
**164** Ostseeküste Mecklenburg-Vorpommern
**154** Ostseeküste Schleswig-Holstein
**136** Pfalz
**040** Rhein zw. Köln und Mainz
**079** Rhön
**116** Rügen, Usedom, Hiddensee
**137** Ruhrgebiet
**149** Saarland
**080** Sachsen
**081** Sachsen-Anhalt
**117** Sauerland, Siegerland
**159** Schwarzwald Norden
**045** Schwarzwald Süden
**018** Spreewald, Lausitz
**008** Stuttgart, Schwäbische Alb
**141** Sylt, Amrum, Föhr
**142** Teutoburger Wald
**170** Thüringen
**037** Weserbergland
**173** Wiesbaden, Rheingau

**BENELUX**
**156** Amsterdam
**011** Flandern, Brüssel
**070** Niederlande

**FRANKREICH**
**055** Bretagne
**021** Côte d'Azur
**032** Elsass
**009** Frankreich Süden Languedoc-Roussillon
**019** Korsika
**071** Normandie
**001** Paris
**115** Provence

**GROSSBRITANNIEN/IRLAND**
**063** Irland
**130** London
**138** Schottland
**030** Südengland

**ITALIEN/MALTA/KROATIEN**
**017** Gardasee, Trentino
**110** Golf von Neapel, Kampanien
**163** Istrien, Kvarner Bucht
**128** Italien, Norden
**005** Kroatische Adriaküste
**167** Malta
**155** Oberitalienische Seen
**158** Piemont, Turin
**014** Rom
**165** Sardinien
**003** Sizilien
**140** Südtirol
**039** Toskana
**091** Venedig, Venetien

**GRIECHENLAND/ZYPERN/TÜRKEI**
**034** Istanbul
**016** Kreta
**176** Türkische Südküste, Antalya
**148** Zypern

**MITTEL- UND OSTEUROPA**
**104** Baltikum
**122** Bulgarien
**094** Danzig, Ostsee, Masuren
**169** Krakau, Breslau, Polen Süden
**044** Prag
**085** St. Petersburg
**145** Tschechien
**146** Ungarn

**ÖSTERREICH/SCHWEIZ**
**129** Kärnten
**004** Salzburger Land
**139** Schweiz
**144** Tirol
**147** Wien

**SPANIEN/PORTUGAL**
**043** Algarve
**093** Andalusien
**150** Barcelona
**108** Costa Brava
**025** Gran Canaria, Fuerteventura, Lanzarote
**172** Kanarische Inseln
**124** Madeira
**174** Mallorca
**007** Spanien Norden, Jakobsweg
**118** Teneriffa, La Palma, La Gomera , El Hierro

**SKANDINAVIEN/NORDEUROPA**
**166** Dänemark
**153** Hurtigruten
**029** Island
**099** Norwegen Norden
**072** Norwegen Süden
**151** Schweden Süden, Stockholm

**LÄNDERÜBERGREIFENDE BÄNDE**
**123** Donau – Von der Quelle bis zur Mündung
**112** Freiburg, Basel, Colmar

**AUSSEREUROPÄISCHE ZIELE**
**010** Ägypten
**053** Australien Osten, Sydney
**109** Australien Süden, Westen
**107** China
**024** Dubai, Abu Dhabi, VAE
**160** Florida
**036** Indien
**027** Israel
**111** Kalifornien
**031** Kanada Osten
**064** Kanada Westen
**171** Kuba
**022** Namibia
**068** Neuseeland
**041** New York
**048** Südafrika
**012** Thailand
**046** Vietnam